CATECISMO PARA CHAIROS
GUÍA MORAL DE LA 4T

Catecismo para chairos
Guía moral de la 4T

Primera edición: febrero, 2020

D. R. © 2020, Antonio Garci y Juan Ignacio Zavala

D. R. © 2020, derechos de edición mundiales en lengua castellana:
Penguin Random House Grupo Editorial, S. A. de C. V.
Blvd. Miguel de Cervantes Saavedra núm. 301, 1er piso,
colonia Granada, alcaldía Miguel Hidalgo, C. P. 11520,
Ciudad de México

www.megustaleer.mx

D. R. © 2020, Antonio Garci, por las ilustraciones

Penguin Random House Grupo Editorial apoya la protección del *copyright*.
El *copyright* estimula la creatividad, defiende la diversidad en el ámbito de las ideas y el conocimiento, promueve la libre expresión y favorece una cultura viva. Gracias por comprar una edición autorizada de este libro y por respetar las leyes del Derecho de Autor y *copyright*. Al hacerlo está respaldando a los autores y permitiendo que PRHGE continúe publicando libros para todos los lectores.

Queda prohibido bajo las sanciones establecidas por las leyes escanear, reproducir total o parcialmente esta obra por cualquier medio o procedimiento así como la distribución de ejemplares mediante alquiler o préstamo público sin previa autorización.
Si necesita fotocopiar o escanear algún fragmento de esta obra diríjase a CemPro
(Centro Mexicano de Protección y Fomento de los Derechos de Autor, https://cempro.com.mx).

ISBN: 978-607-318-803-6

Impreso en México – *Printed in Mexico*

El papel utilizado para la impresión de este libro ha sido fabricado a partir de madera procedente de bosques y plantaciones gestionadas con los más altos estándares ambientales, garantizando una explotación de los recursos sostenible con el medio ambiente y beneficiosa para las personas.

Penguin
Random House
Grupo Editorial

Índice

Introducción 9

1. ¿Va de viaje? 17
2. Viaje al mundo del *Peje* 21
3. ¿Qué hacer con el NAICM? 23
4. Vestimenta y comportamiento 29
5. Consumir lo que producimos 37
6. ¿Qué medios de comunicación debe consumir usted? 39
7. Las soluciones marca AMLO 45
8. ¿Cómo será la relación entre Trump y el *Peje*? 51
9. ¿Cómo hablar? Hable con *T* 53
10. Vamos a portarnos bien 57
11. La pobretología 61
12. Soberanía científica 65
13. ¿Cómo detectar a un conservador, a un fifí, a un enemigo del pueblo? 69
14. Minoría rapaz 75
15. Ninis: los ganones 79
16. Inglich en la 4T 83
17. Beisbol 87
18. Póngale a sus hijos nombres de la 4T 91
19. Que trabaje tu abuela 97
20. Gabinete de la 4T 99

21. Tiempo de milagros....105
22. Que se disculpen el papa y el rey de España....109
23. México se fundó hace 10 000 años....113
24. Fuerzas Armadas: péguele a un soldado....117
25. Apoyos directos....121
26. ¿De dónde obtiene recursos AMLO para su gobierno?....125
27. Economía moral....135

Introducción

¿Cómo entender al nuevo régimen? ¿Qué pretenden y cómo se mueven los correligionarios de la 4T? ¿Son una secta religiosa? ¿Es un desprendimiento de la porra violenta del América? ¿Son todos primitivos? ¿Por qué no creen en la ciencia? ¿Por qué odian los aeropuertos? ¿Durante este sexenio me puedo vestir igual que siempre? ¿Cómo debo hablar? ¿Qué música debo escuchar? ¿Puede un cerro estar en medio de un aeropuerto? ¿Es cierto que la edad del gabinete la sacan con la prueba del carbono 14? ¿Cómo saber si soy fifí, hipócrita y conservador? Si soy divorciado, ¿soy neoliberal? ¿Quiénes forman la mafia del poder? ¿Por qué la economía moral es como la economía de Venezuela? ¿Por qué México se fundó hace 10 000 años?

¿Quién fue Mamado Nervo? ¿Cómo hablar físico? ¿De cuántas cosas se tiene que disculpar España con México?...

Estas y muchas preguntas se las han hecho diariamente millones de ciudadanos tratando de comprender en qué consisten los cambios que todos los días anuncia nuestro presidente con singular vehemencia en sus conferencias mañaneras. Como no se trata de cualquier cambio sino de una transformación, tal y como se nos advirtió a su debido tiempo, asimilar todo de golpe puede resultar difícil.

Los mexicanos somos privilegiados de vivir en esta época, ya que por primera vez en nuestra historia tenemos un presidente que en sus discursos puede saltar con envidiable desenvoltura de un tema complejo y trascendente a uno mundano, y puede ir de la teología cristiana a los enlaces de moléculas de hidrocarburos, la manera correcta de decir la palabra gasolinera, o la biotecnología, o la historia del universo, o la biomecánica nuclear, o el beisbol, deslumbrando siempre a sus oyentes por su completa ignorancia de todos los temas de los que habla.

Así que, sumándose a este estilo personal de gobernar, los autores de este libro pretenden hacer su modesta contribución al enorme desconcierto que es el sexenio de López Obrador, aportando su granito de arena al desierto de confusiones de esa nueva religión llamada "la Cuarta Transformación", ya que en el caos no hay error.

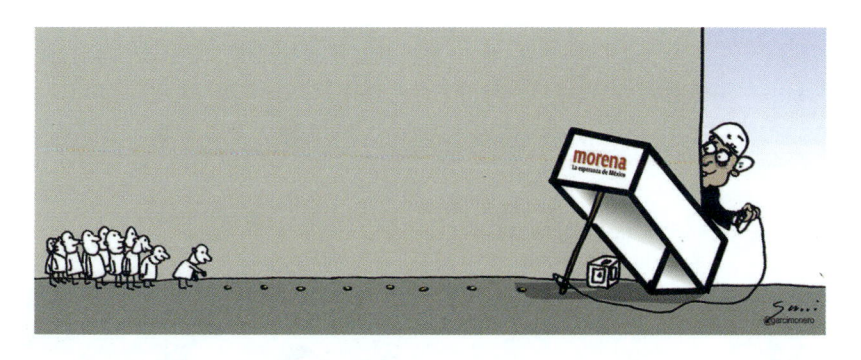

Por eso este *Catecismo para chairos*, que como hacen otras religiones, pretende dar respuestas rápidas y claras a quienes quieren saber más de sus dioses adorados, de las causas que los tienen en este mundo, en este, hasta hace poco, valle de lágrimas neoliberal. Nada como acercarse a la fuente del saber, en la que el recién bautizado podrá encontrar las referencias para su comportamiento; una guía moral para merecer la mirada bondadosa de Nuestro Señor de Palacio.

Es falso lo que los críticos del gobierno gritan a los cuatro vientos sobre ineficiencia, ineptitud, ocurrencias y dislates. Lo que pasa es que ven lo nuevo con ojos viejos y así no se puede. Pero ya el Antiguo Testamento habla de los falsos profetas, de los adoradores del becerro de oro, que son, desde aquellos tiempos, los fastidiosos conservadores. En el gobierno de nuestro altísimo señor Andrés Manuel las cosas son tan diferentes que los críticos no lo entienden, se dejan llevar por la rabia sin ver las cosas de manera distinta y lo que realmente nos quiere transmitir el líder a través de sus actos, dichos y silencios. Por ejemplo: si las calificadoras internacionales dicen que el país va mal, están mal. Ellos no viven aquí y no pueden saber lo que pasa. Antes los neoliberales se dejaban manipular por los intereses extranjeros, pero hoy las cosas son diferentes y nosotros nos calificamos a nosotros mismos porque somos quienes nos conocemos. Nadie nos puede decir cómo somos.

Este catecismo es un intento para ayudar a quien de buena fe quiera entender esta etapa maravillosa del país, este nuevo amanecer de flores y hermandad que solamente desde la envidia y el egoísmo se puede cuestionar. En esta guía usted podrá encontrar la respuesta a muchas de sus inquietudes para poder entender lo que hacen y por qué lo hacen, no solamente el presidente sino también los patriotas que trabajan con y para él. Esta guía moral también le ayudará a entender la terminología "chaira" para poder sentirse a gusto en reuniones y pláticas sociales, encontrará también cómo vestir, qué pasatiempos jugar, a qué santos rezar, qué demonios satanizar, qué medios de comunicación atender y ¡hasta cómo bautizar a sus hijos!

Los autores, fifís de poca monta, conservadores irredentos, hipócritas neoliberales, descreídos y alejados de la mano de Nuestro Señor, esperan que este libro sea de ayuda para todos y agradecen infinitamente al presidente y su equipo, que con toda su sabiduría y bondad han proporcionado el material para la realización de este *Catecismo para chairos*. La cuarta, va. Alabado sea el Señor de Macuspana.

Abasto de gasolina

(Malware)

PEMEX
Ya tenemos equipo de cómputo que no pueden hackear
Aquí está el anti virus
Y aquí el presupuesto de seguridad informática.
@garcimonero

SOPA DE LETRAS

Como en el conocido pasatiempo, se trata de encontrar las palabras clave del mundo del Peje, sus personajes y sus monstruos:

Chairo, fifí, rapaz, Texcoco, Tabasco, Pemex, conservadores, beisbol, deuda, Venezuela, mañanera, camaján, hablandofísico, corredorkeniano, etcétera.

```
Q C C O V A R D E C H A I R O H I V
C H I B O V Z I N R E V A V R W T I
V U L T O O G C O N V O I B O R G O
R V M A F I A I L L A R R B A G A Z
E A R A V A R G Q N G Ü E S U S A V
B S V K O Z N A V A R A G V Ú C T L
A Q C O O L L E M A N A N E R A A O
Z U V A G O L E B O N N I B A L X L
R E O O R M O B I L E F A H A B A Q
E I B B T A O O R V I C A A O S V R
V R B A O N V T V F O R Ñ E B I E P
O O O E G R E E L O V C A V R D L A
G B C A M A J A N E O O A T X M I Q
S V A L A V A N E L V O I L O V N J
E O L R E B E L A R O S B T L V A S
V A S T O R E T A V A L E A R T Y W
A D O V N G R A V A T A M J R E O I
```

1. ¿VA DE VIAJE?

Viajar en avión es definitivamente un vicio neoliberal que merece el sincero desprecio de todos los seguidores de este gobierno, pues sabemos que un viaje sólo puede hacerse como dice Alex Lora, en la terminal del ADO, o con hongos alucinógenos mezclados con las cenizas de María Sabina.

Sin embargo, la aberrante presencia de los aviones todavía se mantiene en México como parte de ese pasado vergonzoso que la cuarta transformación intenta borrar para siempre de nuestra patria, pero en lo que esto sucede aquí van algunas instrucciones necesarias para usarse en esta circunstancia.

REGÁNDOLA SOBRE MOJADO

El gobierno quería darle el tiro de gracia al NAIM de Texcoco, pero una serie de amparos ordenaron continuar con esa obra y suspender el proyecto de Santa Lucía.

De pronto, a pesar de la orden judicial, parte de la obra del NAIM de Texcoco fue inundada por órdenes del gobierno.

Luego de protestas y hasta un día después, la SCT informó que esa inundación se hizo para ¡DARLE MANTENIMIENTO A LA ESTRUCTURA!

Así que ya sabemos, ahora cuando se inunde la ciudad es porque el gobierno le está dando mantenimiento

Si por algún motivo no llega usted a su junta de negocios, a las vacaciones con su familia o a cualquier otro tipo de compromiso, no olvide decir la frase presidencial cuando tenga algún reclamo: "Pues no llegué y ya". Si el presidente tampoco llega a su destino, usted no está obligado a hacer más. El gobierno de la 4T nos ha dado una filosofía zen donde llegar puntualmente a nuestro destino ya no es estresante, ni mucho menos una causa para reclamarle a una línea aérea, hay que entender que la vida es así.

Esto mismo puede aplicarlo con su pareja cuando le reclame su ausencia en casa durante el fin de semana, sólo diga: "Pues no llegué y ya", y su pareja comprenderá que a veces pasan esas cosas, pues eso es parte del orden natural del mundo, y si se la hace de tos dígale que parece parte de "la mafia del poder que quiere conservar los mezquinos privilegios del pasado".

Vea usted las ventajas de que el presidente no tenga avión: como tiene que viajar a los estados en sus giras usted se puede topar en alguna de las salas de espera del aeropuerto al mismísimo presidente de la República. Si usted viaja en el mismo

(Un gobierno diferente)

vuelo que él, saldrá a tiempo; si no, tendrá que esperar horas. Es ahí cuando se lo puede encontrar y la espera habrá valido la pena, pues es el momento ideal para quejarse del mal servicio de las aerolíneas y de reafirmar su decidido apoyo a las medidas presidenciales.

Tómese la infaltable *selfie*, y aunque sean muchos los que lo intenten, con la cantidad de horas que estén varados en cualquier aeropuerto del país habrá tiempo hasta para tomarse unas radiografías con él. Además, si su avión no sale podrá decir que usted estaba con el presidente, algo que ni los de su gabinete pueden decir.

OJO: Sería de muy mal gusto que quisiera aprovechar para reclamar cosas que tengan que ver con las responsabilidades del gobierno (impuestos, servicios de salud, infraestructura, seguridad pública); aproveche, sonría y sienta el inigualable magnetismo de su presidente, que es tan grande que incluso puede arrancarles los brackets a las adolescentes que se acercan a besarlo.

Dron artesanal

2. Viaje al mundo del *Peje*

Por supuesto, a los mexicanos nos gusta viajar. El turismo de nuestros ciudadanos en el mundo será una actividad prioritaria para el gobierno de López Obrador, así que usted tendrá oportunidad de conocer el mundo como nunca lo había imaginado. Olvídese de París, Berlín, Tokio, Nueva York… Eso se acabó. Ya no habrá viajes para esas ciudades, o será muy mal visto quien lo haga. Piense distinto y prepárese para obtener a precios módicos boletos para conocer lugares espectaculares en los que pasará días llenos de aventuras inimaginables. Los destinos seleccionados por el gobierno de la Cuarta Transformación son: Nicaragua, Venezuela y Bolivia. Y para cruzar océanos, ¡la mismísima Corea del Norte! En estos países usted podrá poner en riesgo su vida, pasará hambres y tendrá una imagen real de lo que puede ser su patria en unos años. Recuerde: los viajes ilustran.

(Conductor designado)

¿Para qué viajar? No hay más mundo que México

En el gobierno de la 4T los funcionarios del gobierno no pueden realizar viajes de trabajo a menos de que el presidente les autorice el viaje. Si usted piensa que el presidente tiene muchas cosas más importantes por hacer que autorizar personalmente viajes en avión, está usted muy equivocado.

Es importantísimo que el presidente en persona decida si un director puede atender un evento de educación internacional en Guayaquil. O si alguien de salud tiene que ir a un congreso mundial sobre cómo prevenir enfermedades, o si los del Imcine tienen que ir a Cannes. ¡Nada!, esos viajes son gastadera y a México no le importan esos eventos que nada más convierten en fifís y corruptos a los funcionarios de Morena.

Así que no hay a qué salir de aquí. Aquí hay comida, ropa y se pueden poner suéter si hace frío, como dicen las mamás. En otros lados hablan distinto y comen muy feo y se pueden congelar. Mejor en casita, porque el mundo es peligroso.

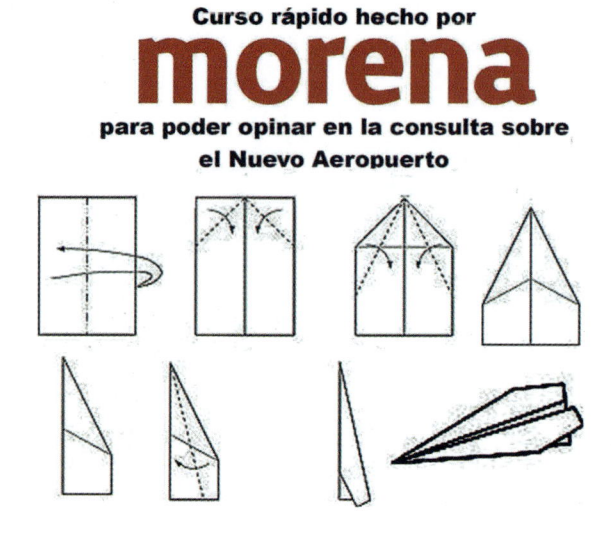

3. ¿QUÉ HACER CON EL NAICM?

(Duelo en el salvaje oeste... o el otro)

AMLO presidente ha decidido hacer algo con lo que iba a ser el Nuevo Aeropuerto de la Ciudad de México. Asombrado porque en realidad no había ningún lago, decidió incorporar algunas actividades a lo que son terrenos baldíos y obras abandonadas.

- Se tratará de un espacio para el paseo en burro y tener pequeñas parcelas con gallinas y algunas huertas para que los niños puedan aprender a "producir lo que consumimos".
- Algunas pistas se quedarán de tierra para que los jóvenes puedan jugar futbol llanero y otras serán convertidas en canchas de beisbol, que es el deporte presidencial.

- De la torre de control inacabada se colgarán tres cables que llegarán hasta el edificio de la terminal para usarlos a manera de megatendederos comunitarios que al mismo tiempo sirvan como tirolesa para que la gente tenga una experiencia extrema mientras se le seca la ropa. Como ahí no hay agua, la ropa deberán llevarla previamente mojada.
- Casa de los sustos. No deje de visitar esta galería del horror —pueden entrar niños siempre y cuando estén acompañados de adultos— y estremézcase hasta el horror con imágenes impactantes de la vida nacional con los monstruos más temidos de la 4T: Carlos Salinas, Vicente Fox, Felipe Calderón, Enrique Peña, los empresarios y las pavorosas galerías fifí.

En otro extremo de las instalaciones se encontrará el área de adiestramiento, que estará abierta a personal de la CNTE, el Frente Popular Francisco Villa, el Movimiento de los 400 pueblos y Antorcha Campesina, además de organizaciones estudiantiles.

Los cursos serán impartidos por profesionales y bajo el siguiente programa:

- Ciencias de la tierra. (Cómo invadir terrenos en tres horas.)
- Nociones de derecho mexicano. (Cómo trabajar dos meses y demandar salarios caídos hasta por cinco años.)
- Civismo para el siglo XXI. (Aprenda cómo agredir a la autoridad.)
- Federalismo 1. (Bloqueo permanente de vías federales.)
- Hacia la autosuficiencia en combustibles. (Sustracción de huachicol.)
- Curso de instalaciones eléctricas. (Sabotaje a plantas de electricidad.)
- Taller de neologismos. (Diseño de mantas con faltas de ortografía.)
- Artes plásticas. (Grafitea un monumento histórico.)

CRUCIGRAMA NIVEL 4T

Este es el primer crucigrama diseñado por un chairo, donde no importa lo que te pregunten, siempre tienes una respuesta que lo responde TOOODO.

HORIZONTALES

1. Masa de agua salada. **4.** Bolsa de piel que cubre los testículos de los mamíferos. **10.** Quejidos. **12.** (Peter O) Actor irlandés. **13.** Parte del dedo. **14.** (Einstein) Físico. **16.** Médico especializado en las vías urinarias. **18.** Labré la tierra. **19.** Abreviatura: literario. **20.** Letra g (pl.). **21.** Semilla con que se elabora el chocolate. **23.** (Thomas S.) Escritor británico. **25.** Parte dura del dedo. **26.** Desafían. **28.** Combate, batalla. **29.** De greda (fem.). **31.** Perseguir, hostigar. **33.** Atreveos. **34.** Ciudad de Bolivia. **35.** Prefijo: cuerpo. **36.** Horno, asador. **37.** Sufijo: enfermedad.

VERTICALES

1. Mayor que lo común (fem.). **2.** Día anterior a hoy. **3.** Que remolca (fem.). **5.** Pasantía. **6.** Cosmético para dar color a las mejillas. **7.** (Lowe) Actor. **8.** Aceitosos. **9.** De tierra. **11.** Iba hacia afuera. **15.** Probadas mediante un test. **17.** Daré. **22.** Trozos de algo roto. **24.** Flancos, costados. **27.** Concepto equivocado. **30.** (... Khedira) Futbolista. **32.** Sur.

4. Vestimenta y comportamiento

¿Cómo debemos comportarnos en la 4T? ¿Existen palabras clave, gestos que tengamos prohibidos? ¿Cómo evitar que el que nos odia nos delate como fifís y obtener así la reprobación del Mesías y el consejo de ancianos de su tribu? A continuación presentamos el Manual de Carreño de la 4T, una guía de etiqueta indispensable que le ayudará a triunfar en este sexenio de la austeridad republicana.

- Trate a los demás de compañero, compañera o camarada, y si es necesario use términos neutros para que no lo acuse Claudia Sheinbaum de ser un falócrata del hetero-patriarcado-machista. Llame a los demás como "eso", una expresión neutra que elimina la nefasta etiqueta de género que tienen las palabras *compañera* y *compañero*. Si quiere subrayar aún más la posición neutra de la palabra, llámelo "esx".
- Este sexenio será el regreso del folclor, la moda es el *etnical-look*. La senadora Jesusa Rodríguez es la medida de lo *in* en la 4T, ella marca la tendencia en *outfit* de este gobierno donde en general lo apropiado es que las mujeres parezcan Juan Diego sin el ayate, y los hombres tehuanas bailando en la Guelaguetza.

Tras fumarse un taco de carnitas, Jesusa Rodríguez se declara el Juan Diego legítimo de la Cuarta Transformación y avisa en un video que se le apareció la virgencita del Pejeyac para pedirle que le construyamos un aeropuerto en el cerro de Santa Lucía.

- Adquiera prendas de vestir con alusiones patrióticas y recuerde consumir productos nacionales hechos en México, porque ahora hasta los mexicanos ya están hechos en China (dicen que allá salen más baratos).
- Ahora volvemos a tener un gobierno hipernacionalista en donde los ventiladores de energía eólica les roban su aire a los pueblos indígenas, y los paneles de energía solar nos roban nuestro sol para dárselo a los extranjeros. Nada de andar luciendo prendas importadas, ropa fifí de la burguesía derrotada en las elecciones. Si no quiere ser amonestado por la dictadura del buen gusto del proletariado, vista de manera correcta para obtener la aprobación de la chairiza.

1974　　　　　2018

Aquí le ayudamos a que vista a su chairo preferido para la ocasión que amerite.

Para el atuendo formal:

- Se recomienda la guayabera o camisa lisa de color pistache o mamey, con algún motivo nacional, ya sea el águila, un maguey, un charro, un nini parado sobre un nopal devorando una cerveza, o la leyenda en la espalda de: "¡Viva México, cabrones!" o "Yo sobreviví al neoliberalismo".
- Es indistinto el uso de chancla, huarache o tenis o bota piteada, o zapato de payaso.
- Sombreros ornamentados con flores típicas del lugar, hasta que parezca florero.
- Chamarra de cuero, como diputado de Texcoco o tostadas de cuero, como puestera ambulante de las organizaciones corporativas del partido.

Cuando quieres ser candidato, florero y pintura pirata de Arcimboldo.

Informal:

- Se sugiere la camiseta del Che Guevara o la de Andrés Manuel.
- Boina tipo Che o las típicas que dicen: "MORENA, la esperanza de México", o bolsas de papel de estraza con agujeritos para los ojos.
- Se puede acompañar con una gorra de tipo militar con estrella roja o el pasamontañas. En general el *look* de anarquista del videojuego de *Call of Duty* es bien visto.
- Esta indumentaria queda completa con el bonito accesorio de cadenas de perro al cuello o cargue una bomba molotov. Si además cuando vaya vestido así va diciendo groserías y fumando, lo pueden confundir con Taibo II, no importa la edad.

(Equipo de emergencia)

Pancartas para toda ocasión

Esté a la altura de lo que el cambio de la 4T exige. Atrás quedaron los *emails*, los mensajes directos, no se diga las cartas y las tarjetas de felicitación. Lo de hoy son las pancartas.

Exprese su amor, su felicidad, sus buenos deseos y hasta las propuestas más formales por la vía de una pancarta. Este medio de comunicación es muy propio de la chairiza. Olvídese de los rollos, las justificaciones, todo cabe en una consigna sabiéndolo acomodar.

(El recalentado de la fiesta)

Aquí ponemos algunos ejemplos para toda ocasión.

"**Es un honor estar de cobrador**" (Para cuando sí le llega el apoyo de dinero del gobierno)

"**Este puño sí se ve**" (Para cuando se encuentre con aficionados del América)

"**El pueblo se cansa de tanta pinche panza**" (Para los gimnasios)

"**Se ve, se siente, el pueblo está sin gente**" (Para cuando todos los de su comunidad se fueron a buscar trabajo a otro lado porque donde vive no hay)

"**Se ve, se siente, me gusta la de enfrente**" (Para cuando le da pena declarar su amor o sus deseos)

"**Sólo *el Peje* es Dios y Noroña su profeta**" (Para cuando se tope con fundamentalistas de la 4T)

"**No somos uno, no somos 10, somos un chingo cuéntanos bien**" (Por si es científico o académico y le dicen que no merecen apoyos porque nada más son ocho en todo el país)

"**Huele a mota, huele a trusa porque ya llegó Jesusa**" (Para cuando la senadora Jesusa Rodríguez lo reprenda por comer tacos de carnitas)

"**El puesto jodido jamás será pedido**" (Para cuando tenga que rechazar una oferta laboral)

"**Fulano, amigo, el pueblo está contigo**" (Se usa en lugar de felicitar por cumpleaños o santo)

"**Reubicación, queremos solución**" (Para cuando lo corta su pareja)

"El maestro luchando también está enseñando" (Para cuando toma clases de defensa personal, karate, kung fu, capoeira, etcétera)

5. Consumir lo que producimos

Para nuestro presidente es claro: hay que comprar ropa mexicana, contratar empresas mexicanas, beber bebidas mexicanas, ver cine mexicano, comer comida mexicana… nada nos hará más fuertes ante el mundo que ser bien mexicanotes.

Así que si los años de México abierto al mundo le gustaron, más vale que vaya usted cancelando sus gustos burgueses. Nada de comprar cosas importadas, ropa de otros países, computadoras de otros lados. Vamos a lo nuestro: el maguey, la ropa de terlenca, las cosas que no funcionan, los servicios que nunca llegan, las cosas que nunca se hacen, en fin… nuestras tradiciones que por un tiempo fueron secuestradas por el neoliberalismo.

(El tren Maya)

Hay que seguir el ejemplo del presidente que toma Piña miel, agua de coco y come gorditas de chicharrón, mole de olla, costilla asada, barbacoa, mondongo y demás alimentos que garantizan una dieta nacionalista y balanceada.

Por lo pronto se han puesto en marcha las siguientes medidas que usted deberá celebrar:

- Los restaurantes franceses estarán obligados a ofrecer tamaladas todos los domingos por la mañana.
- Los restaurantes de comida japonesa ofrecerán pozole estilo Guerrero los jueves y los restaurantes italianos pondrán a la venta todos los sábados "rica pancita" en "ambiente familiar".

(Dobladitas)

6. ¿QUÉ MEDIOS DE COMUNICACIÓN DEBE CONSUMIR USTED?

México se ha vuelto un país de castas, como en la época de la Colonia. En la cima de la pirámide social está el "Pueblo Bueno", que conserva su pureza gracias al ejemplo de nuestro bien amado líder. El resto de la sociedad mexicana está integrado por las tres principales nefastas castas herencia de los gobiernos anteriores, que son: los "Fifís", los "Conservadores", y los "Neoliberales", que pronto serán exterminadas.

A CONTINUACIÓN VA UNA BREVE LISTA DE LAS CASTAS MEXICANAS EN LA 4T

De padre	De madre	Sale
Pueblo Bueno	Pueblo Bueno	Chairo
Neoliberal	Fifí	Saltapatrás
Conservador	Fifí	Calladocomomomia
Fifí	Fifí	Señoritingo
Neoliberal	Pueblo Bueno	Progre
Conservador	Pueblo Bueno	Malinformado
Fifí	Pueblo Bueno	Camaján
Saltapatrás	Fifí	Cretinodederechas
Calladocomomomia	Neoliberal	Neofascista
Progre	Malinformado	Retrógrada
Progre	Pueblo Bueno	Yotengotrosdatos
Camaján	Conservador	Privilegiado

Si no quiere caer en alguna de las categorías moralmente inferiores durante este gobierno, lo mejor es que renueve su manera de obtener información y entretenimiento.

Demuestre que está "del lado correcto de la historia" y que consume las fuentes de información verificadas y aprobadas por el régimen. Esto es importantísimo para tener temas de conversación en común con los nuevos funcionarios del lugar en donde vive, y también porque las brigadas de vecinos estarán pendientes de sus hábitos de lectura, y de qué programas escucha y ve para denunciarlo ante el Comité del Pueblo Bueno de su localidad, que estará ubicado en las oficinas de Morena.

Tú también puedes decir que tienes otros datos

Productos que patrocina la nueva programación de la TV pública.

Lo mejor y más recomendable es que deje usted de consumir medios fifís que tergiversan la información. Aléjese de ellos, pues nada más andan viendo el prietito en el arroz. No vea periódicos, ninguno; verá que la vida es más tranquila y no necesita amargarse con que si mataron a Fulano, que si secuestraron a Sutano, que si ajusticiaron a unos, que si faltan medicinas...

Consuma los contenidos que el régimen ha creado para usted y que todo el tiempo se encargan de recordarnos que somos una sociedad en guerra contra esa otra parte de nosotros, porque ser mexicano hoy día es como ser un esquizofrénico que quiere asesinar a sus otras personalidades múltiples.

Pero México es más que sus problemas, así que la 4T ha preparado programación objetiva, de calidad y muy divertida para toda la gente. Aquí algunas sugerencias:

- Las series y telenovelas de Epigmenio Ibarra son el tipo de programas que serán comentados en todas las mesas de la 4T. En estas apasionantes telenovelas los buenos, que están con AMLO, siempre vencen a la mafia del poder a pesar de sus múltiples engaños y trampas. Sólo la fe en el máximo líder permite que el bien triunfe. Algunos ejemplos son: *La Cenicienta con conciencia social*, *Blanca Nieves y los 7 pluris*, *Mi villano favorito es Napoleón Gómez Urrutia*, *Los 101 recortes presupuestales*, *Porfirio Story 4* y *El rey Peje*.

- En radio podrá usted sintonizar las estaciones de Grupo Chairo Centro. En ellas encontrará noticieros equilibrados y objetivos, de odio contenido y de rabia pausada para que usted norme su criterio sobre la realidad nacional. Además se transmitirá el gustado programa *¿Qué tal Beatriz?*, un espacio poético musical en el que se leen poemas de Mamado Nervo y se canta trova cubana en voz de la destacada intérprete Beatriz Gutiérrez Müller, que es lo más parecido que tenemos a Lola Beltrán.

- La televisión tendrá su programación estelar a través de Canal Once. Atrás quedaron esos programas aburridos de cultura que nadie veía y a nadie interesaban. Canal Once, que pronto será Chairo TV, pondrá a su disposición programas que no se puede perder:
  ○ *Infancia, vida y destino de Andrés Manuel, el hombre que fue pueblo.* Una serie de nueve temporadas que recorrerá la apasionante vida del presidente.
  ○ *Valores juveniles Bacardí.* Un programa en busca de nuevo talento político, conducido por Porfirio Muñoz Ledo.
  ○ *Gringo Viejo.* Las andanzas de un gringo en México, lugar donde encuentra el amor y el poder en medio de sus desvaríos mentales, que provocan carcajadas en el auditorio. Protagonizado por el inefable John Ackermann.
  ○ *Sabina de América.* Acompaña a la señorita Sabina en un programa en el que juzga a los desgraciados que critican al gobierno del líder. Un programa con participación abierta a los militantes de Morena y en el que se muestra descarnadamente la vileza de la oposición.
  ○ *Por qué nadie me quiere.* Un *talk show* conducido por Gibrán Ramírez en el que pontifica, desarrolla teorías, hace chistes, parodias y nadie se ríe. Un nuevo género inventado en este gobierno: la primera comedia que deprime. Ideal para conciliar el sueño.
  ○ *Odiarás a tu prójimo como a ti mismo.* Un innovador programa de personalidades complejas y acomplejadas en el que hay una cerrada competencia para ver quién escupe más veneno cada programa. Estelarizado por Sanjuana Martínez y Jenaro Villamil.

Todo listo

7. Las soluciones marca AMLO

(En línea)
(Idea) (Financiamiento) (Proyecto) (Producción)

¿Se acuerda del coyote y el correcaminos? Bueno, pues el coyote siempre intentaba atrapar a su odiado enemigo con productos marca ACME que eran de gran imaginación, pero que no servían para los propósitos del coyote, a quien le explotaba la bomba, salía volando por los aires y todo terminaba en una frustración interminable. El gobierno de AMLO tiene entre sus gracias las soluciones marca PEJE, que son como las ACME pero en versión 4T: aparentan ser muy buenas, pero no sirven para nada más que para causar mayores problemas.

Cerrar el ducto de gasolina para evitar que se la roben. A principios de este gobierno, en enero de 2019, el gobierno decidió combatir el huachicoleo, el robo y venta de combustible que los delincuentes sacan de los ductos de Pemex. Para ese efecto se les ocurrió cerrar los ductos que llevan gasolina a diversas zonas del país. "Si no hay gasolina, no robarán nada", es la lógica de la estrategia. El resultado fue que, en efecto, disminuyó el robo, pero dejaron sin gasolina varios días a nueve entidades del país en las que se desataron compras de pánico provocando desabasto. Imágenes de enormes filas de coches con horas de espera para poder cargar gasolina salían en medios y redes sociales. Tener medio tanque de gasolina se convirtió en algo fifí, en símbolo de poder y vanidad. ¿Cuáles serán otras soluciones marca PEJE? Aquí proponemos unas:

(Cómo funciona la Estrategia Nacional de Seguridad Pública)

- Cerrar las sucursales bancarias para que no puedan asaltar los bancos.
- Que las casas no tengan televisiones ni joyas para que no se den robos a casa habitación.
- Prohibir el mundial de futbol para que no sea eliminada la selección nacional en la primera ronda.

- Que la gente no salga a la calle para evitar los asaltos en la vía pública.
- Que los ciudadanos no compren automóviles, de esa manera no los robarán y se combatirá frontalmente el robo de autos.
- Acabar con internet para que no se roben la contraseña de tu WiFi.
- Decapitar a las personas para que no les dé dolor de cabeza.
- Cerrar los Oxxos y las tienditas para que no las asalten.
- No comprar medicinas hasta que baje el precio, sin importar la enfermedad que tenga.

Sí hay que presumir

En este gobierno lo que estaba mal empeoró

Hagamos una Consulta Ciudadana. Que levante la mano el que diga que ahora hay más inseguridad.

Lo que más o menos funcionaba dejó de hacerlo.

Vamos requetebién.

Y se destruyen las instituciones autónomas y del gobierno.

El Estado soy yo

Pero si te gusta el béisbol ahora México es el mejor para vivir.

Con esto ya no necesitas ni vacunas ni quimioterapia.

@garcimonero

LA LOTERÍA DE LA 4T

Tablero de lotería con los personajes de la 4T. ¡Colecciona todas las estampitas que llegarán en cada entrega de tu beca para que no robes combustible!

Un juego familiar en el que todos gozarán con los personajes de la vida nacional actualizados a la trasformación que encabeza el señor presidente.

20 EL ADULADOR DE AMLO	21 LA CONSULTA POPULAR	22 LA GN MILITAR	23 El PLAN NACIONAL DE DESARROLLO	24 LA MAÑANERA
99 LOS "OTROS DATOS"	30 EL CETÁCEO DE NOTIMEX	31 EL RUMBO (ES PARA ALLÁ)	2 LA CFE EN TABASCO	33 SANJUANA MARTÍNEZ
38 EL PUEBLO BUENO	39 LA BANDERA (DESPUÉS DE LOS RECORTES)	40 El ALACRÁN GÜERO (TRUMP)	41 EL GABINETE	42 LA INSEGURIDAD
47 LA PRESIDENCIA	EL NAIM	49 LOS PINOS (AHORA)	4 EL FIFÍ	25 FERNÁNDEZ NOROÑA

8. ¿Cómo será la relación entre Trump y el *Peje*?

La relación personal entre Trump y el Peje siempre será un misterio. ¿Cómo se entienden un par de personas que no hablan el mismo idioma, que se desprecian, que se comunican básicamente por necesidad, que ambos odian al mundo y concretamente al país del otro?

No lo sabemos, pero es muy posible que el hombre naranja no tenga ni la menor idea de lo que le espera en una reunión bilateral con nuestro presidente si es que llega a darse. Lo mismo cuando le habla por teléfono; a pesar de tener traductores, debe quedarse con la impresión de que no le entendió nada.

El sentido de la vida cambió el día en que Forrest Gump conoció a Donald Trump

Pero eso no es todo. Trump es un *bully* profesional e internacional, detesta a los mexicanos y golpear al país es una de sus estrategias políticas para quedar bien con su electorado. Ante esto AMLO piensa que hay que hacerse amigos de Trump y que cuando se enoje hay que decirle que Benito Juárez y Abraham Lincoln eran muy amigos. Todo perfila a ser una relación sado-maso.

Los podemos imaginar a los dos sentados en una reunión personal con traductor de por medio. Trump se quedará dormido cuando el Peje comience a hablar: "Es de que…" y pasan minutos en que el traductor también está en silencio. El Peje cuenta chistes en los que se ríe solo ante la estupefacción de Trump. El Peje se despide haciendo amor y paz y dice en un esfuerzo: "Es de queee pis an lob".

9. ¿Cómo hablar? Hable con *T*

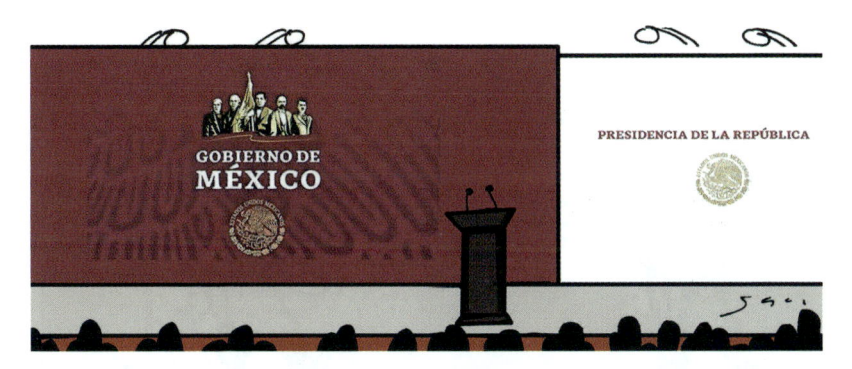

El lugar de origen del lenguaje de la T.

Es muy importante que usted vaya logrando una especie de mimetización con el Peje, para que conquiste el reconocimiento de los demás, para que no haya duda alguna de que usted lo admira.

Con Mussolini todos sus fans buscaron quedarse calvos como él; con Hitler todos se dejaban el bigote como él; con Fidel Castro todos se dejaban la barba, incluso las mujeres; con Nicolás Maduro todos encuentran un pájaro que les habla porque es Hugo Chávez; y con López Obrador todos los que lo apoyamos (que según los últimos datos de Morena es el 800% de los mexicanos) tenemos que hablar con la *T* para subrayar nuestra adhesión a su régimen.

La pesadilla recurrente

10. Vamos a portarnos bien

Si usted se pregunta qué debe hacer para caer en la gracia del amado líder; si usted anda por ahí cuestionando cómo hacerle para no tener problemas en la 4T y ser aceptado por el morenismo ilustrado, la respuesta es muy sencilla: ya dijo el presidente que "todos vamos a portarnos bien". No se divorcie, vaya a misa, al templo, lea la Cartilla Moral y procure ser pobre para no caer en tentaciones de querer bienes materiales.

(Esos momentos incómodos de la 4T)

Si por alguna razón topa usted con algún criminal, ya sea secuestrador, huachicolero, narcotraficante o extorsionador, hágale un atento llamado a portarse bien, hágale ver que no está en el buen camino y que el presidente ya lo advirtió: "Los que no se porten bien no serán bien vistos por la sociedad".

Sobre todo, no caiga usted en tentaciones neoliberales. Es lo peor que le podría pasar, pues automáticamente se pasa usted al "lado oscuro". Tener iniciativa, querer poner un negocio, viajar al extranjero, hablar idiomas, estudiar de más, eso no es de gente normal. Y si es usted un intelectual, un científico o un académico, sepa que ya se le acabaron los privilegios, es usted de esos ambiciosos vulgares dominados por su ego y su ansia de poder. Mejor sea como Benito Juárez: pórtese bien.

(La chancla)

LABORATORIO MI ALEGRÍA: ¡EXPERIMENTA CON EL PAÍS!

¡Amiguito, aprende y juega con el presidente! Con el laboratorio Mi Alegría 4T podrás hacer los experimentos más increíbles: ¡¡Cancela una obra internacional y deja a tu país sin aeropuerto!! ¡¡Destruye una selva legendaria y contamínala con un tren!! ¡¡Pon una refinería inviable y quiebra a Pemex!! Haz tu propio sargazo para poner en las playas de Cancún.

Sé un científico de la 4T, crea tu propio centro de monitoreo de permisos a la Madre Tierra.

11. La pobretología

La pobreza es la razón de ser del populismo, es por eso que en todos los gobiernos populistas la pobreza nunca se acaba; al contrario, siempre aumenta para que los populistas puedan hacer cada vez más por los pobres.

Desde un principio ha destacado en el proyecto de gobierno de AMLO la exaltación de la pobreza. Ser pobre es maravilloso porque no tienes necesidades materiales. Ya se sabe: "Menos es más". (Es por eso que a nuestro presidente las cuentas no se le dan y siempre tiene otros datos.)

Uno de los lemas de campaña de nuestro presidente desde el año 2000 fue: "Primero los pobres". Ahora que está en el poder sabemos que esos pobres a los que se refería eran los de Honduras y El Salvador, pero lo importante de esto no es de dónde sean, sino que son pobres, ya que la pobreza es un bien universal. El populismo ama tanto a los pobres que los multiplica para que todos podamos gozar las bondades de esta condición que nos da una categoría moral superior a la de cualquier otro ser humano. Ya no hay que preocuparse por nada, sólo hay que mantener la ecuanimidad y "estar bien con uno mismo".

Las camisetas que ahora regalan en los programas de gobierno

El presidente lo dijo: "La verdadera felicidad no son los bienes materiales o las riquezas, o la fama o los grados". Por eso todos debemos fortalecer valores morales y espirituales, porque como bien dijo el señor presidente: "Es mejor dejar a los hijos pobreza, pero no deshonra". Así que ya sabe, sin culpa con los hijos y a ser pobre pero honrado, y si es pobre pero no honrado, tampoco tiene la culpa, es usted una víctima del neoliberalismo que lo obliga a robar, y si es rico pero no honrado, tampoco se preocupe, pásese a Morena y automáticamente todo eso queda redimido y perdonado, ya que usted era un patriota que robaba para poder acabar con los corruptos.

"Como se barren las escaleras: de arriba para abajo"

Como pasa con Pemex y el petróleo, en el populismo el gobierno tiene el monopolio de la explotación y administración de la pobreza y sus derivados a través de su partido. Sólo el partido oficial puede tomar a los pobres, que a diferencia del petróleo que se nos está acabando, sí son un recurso natural renovable, y sí se puede aumentar su producción fácilmente. Afortunadamente Dios nos bendijo con un país rico en pobres desde hace más de 10 000 años, y no requieren ninguna refinación (como hospitales o escuelas), pues así se conservan en estado puro; esos son los pobres de 24 quilates, y no queremos que se contaminen con las falsas comodidades materiales y se vuelvan pobres fifís.

El partido a través del gobierno les da dinero a los pobres, pero estos recursos no son para que salgan de la pobreza, al contrario, son para mantenerlos en ella y así le permitan al régimen administrar esa gran riqueza (espiritual) que es la pobreza (de cualquier manera, ya dijo Yeidckol que luego ni agradecen a los que los sacan de la pobreza. Pobres malagradecidos). Los pobres continuarán manteniendo ese estado de virtud con el cual nos convertiremos en la primera potencia moral del mundo, y Morena podrá permanecer en el poder para cuidar así la honra del pueblo mexicano. En la medida en que se vuelva más jodido será cada vez más bueno; por consiguiente, nuestros políticos podrán pasar de la riqueza a la riqueza extrema y eso también los hará pobres y virtuosos, ya que como todos sabemos, los extremos se tocan.

Todo es un plan maestro del caudillo para que TODOS alcancemos la superioridad moral que da pertenecer a la cuarta transformación.

12. Soberanía científica

La ciencia está sobrevalorada; todo el mundo sabe que para triunfar en la vida los únicos números que necesitas conocer son los del Melate.

Todos sabemos que la ciencia no sirve para nada; ha sido un invento de gente extranjera que habla idiomas bien raros. Y no solamente eso, en vez de leer las letras ¡las suman! y hacen ese tipo de cosas que nunca han aportado nada al país. Es por eso que el señor presidente ha recortado al límite el presupuesto para ese tipo de actividades que se prestaban nada más al abuso y la arbitrariedad, y peor aún, se usaban para "la mafia de la ciencia": un grupo del crimen organizado que operaba en las instituciones de educación superior de todo el país, pero que desde la llegada de este régimen progresista y honesto está a punto de ser exterminada. No más científicos falsos, además ni que supieran tanto, nomás leen libros que nadie entiende de temas que nadie les pregunta.

Para evitar que "la mafia de la ciencia" pueda volver, las instalaciones del CIDE y otros centros de investigación se convertirán en multifamiliares para migrantes centroamericanos y en oficinas de los militantes de Morena, que son siervos de la nación, y así renacerá una vida digna, ahí donde en la negra noche del neoliberalismo se solapaba con el dinero del pueblo la huevonería y el privilegio.

Grupo de científicos investigando cuáles son los límites del humor.

De todas formas para qué queremos ciencia en México, ya la hacen en otros lugares. Los famosos son Newton, los Curie, unos alemanes y Einstein que acabó siendo gringo, como Mickey Mouse, ¿y qué hicieron los científicos cuando el gobierno de Estados Unidos les dio dinero a manos llenas? ¡La bomba atómica! Ahí tienen para qué sirve la ciencia: para organizar matazones por todos lados.

Los científicos mexicanos son gente sin oficio ni beneficio, conservadores hipócritas, unos fifís agazapados atrás de un libro que se mantenían de becas, sienten que saben mucho y siempre andan como perdidos en la luna; México necesita del esfuerzo de todos, ¿por qué le vamos a pagar a alguien para que ande subrayando documentos? Se acabó el dispendio: todo se irá al tren maya, la refinería de Dos Bocas y el único experimento científico que patrocinará la cuarta transformación es el del aeropuerto de Santa Lucía, donde vamos a comprobar que los aviones sí se repelen tal como postula la primera ley de Riobóo y comprobar que cualquier avión puede atravesar un cerro si se lo propone.

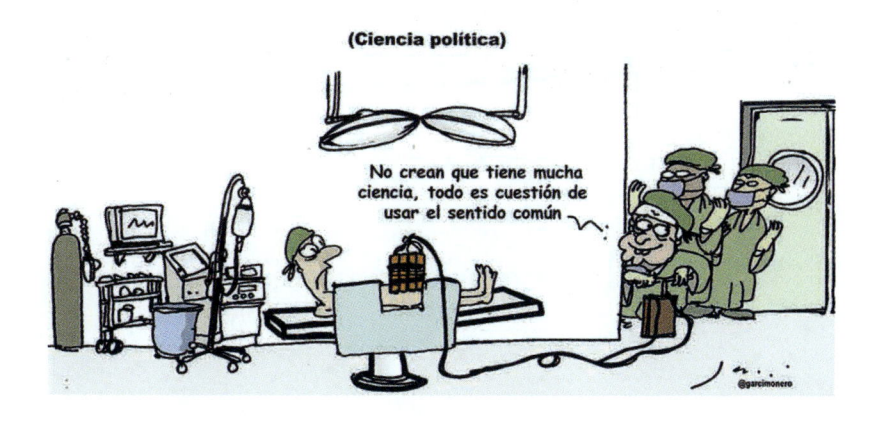

AMLO lo ha dicho claramente desde su campaña: "¿De cuándo acá se requiere tanta ciencia para sacar petróleo? Es perforar un pozo como si se fuese a extraer agua, nada más que no a 30 metros, sino a tres mil, cinco mil metros…"

Por supuesto que México no va a seguir los lineamientos del extranjero en materia de generación de energía. Nuestro presidente ya informó que se combatirá a la nefasta "energía *eótica*". ¿Qué es la energía eótica? No es eólica, química, ni erótica ni retórica; es una que se hace "con unos ventiladores" y que afean terriblemente el paisaje.

Por eso el gobierno de la 4T hace un viaje a la modernidad y fomentará la generación de energía ¡con carbón! ¡Como en los buenos tiempos en que se contaminaba todo!

13. ¿Cómo detectar a un conservador, a un fifí, a un enemigo del pueblo?

Igualito

Usted debe tener cuidado en con quién se junta, con quién se deja ver en público. Especialmente si usted en su ignorancia tenía amistades con algún tipo de nexo con la conocida "mafia del poder". No importa que no conociera usted directamente a los capos. Como buena mafia estaba repartida por todos lados y usted no podía darse cuenta de eso. A la mejor tiene usted un compadre, un amigo o, lo que es muy trágico pero debe aceptarse, un hijo, un hermano, o su misma pareja, y hasta su mascota. (Hay casos documentados de algunos perros con comportamientos absolutamente conservadores, ya que muerden para conservar su hueso, o su lugar en el sofá de la sala.) Incluso la comida que usted come puede estar ¡llena de conservadores!...

El poder mafioso y neoliberal expandió sus redes de maldad durante décadas; no culpe a nadie, recuerde que, como dice el presidente, lo importante es perdonar, y si él perdona a un narco, ¿usted por qué no va a perdonar a alguien que no supo pensar y decidir estar *del lado correcto de la historia* en su momento? Después de todo, hasta Andrés Manuel fue priista.

Sin embargo, es importante que sepa detectar a los conservadores que no están de acuerdo con la transformación y que *no* son del agrado de nuestro líder. ¿Cómo hacerlo? No necesita ir a un diccionario, recurra a las definiciones del presidente y verá que es muy fácil:

- Es gente que suele salir a trabajar.
- Pagan impuestos.
- Quieren buenas escuelas para sus hijos.

- Quieren más oportunidades de trabajo y no dinero regalado por el gobierno.
- Quieren estancias infantiles para que las mujeres puedan trabajar y sus hijos estén cuidados.
- Quieren un aeropuerto grande y moderno que dé una buena imagen de nuestro país.
- No quieren que el gobierno haga obras sin estudios de viabilidad financiera y ambiental.
- Quieren que el gobierno gaste en servicios para los ciudadanos.

Como puede ver, se trata de verdaderos apátridas, gente sin conciencia social y que nada más piensan en sí misma. Si ve a uno, ¡denúncielo! Pero sobre todo aléjese de ellos porque son contagiosos.

El contribuyente cautivo

Escena doméstica

LABERINTO DE LA 4T

Hay cosas más enredadas que las declaraciones en las mañaneras del presidente, bueno, la verdad no tanto.

Amiguito, ayuda al Peje a salir del laberinto en que lo metió el neoliberalismo, y si no se puede llévalo a La Chingada (así se llama su rancho en Palenque).

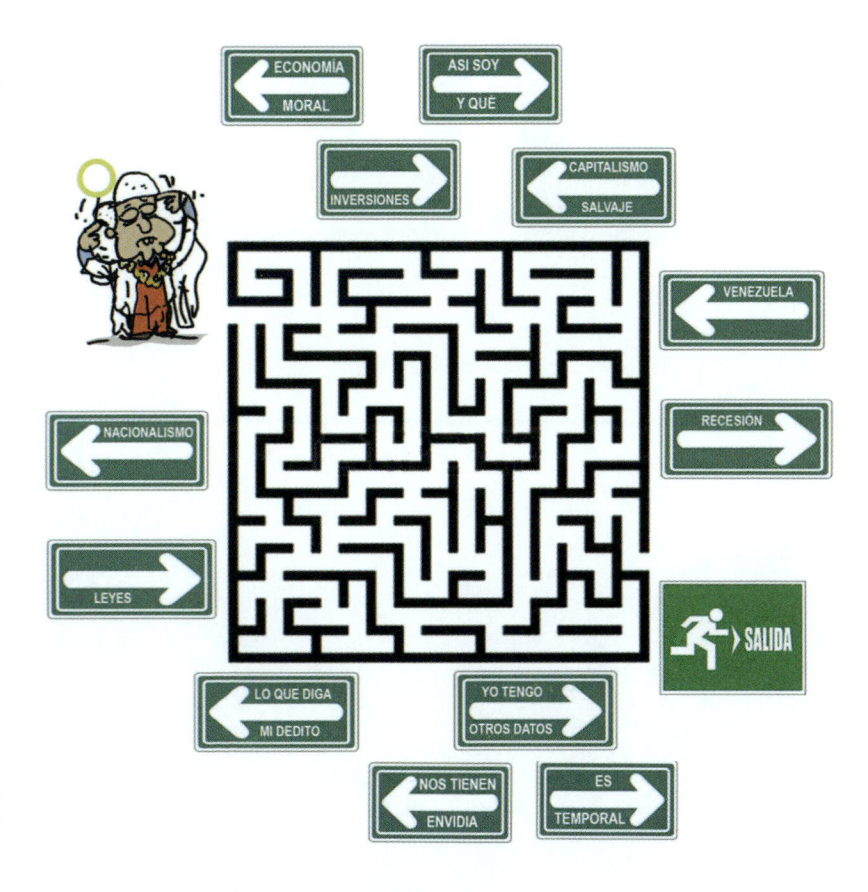

14. Minoría rapaz

(Conferencias mañaneras)

Como es sabido, la desgracia del país tiene responsables. No solamente está la "mafia del poder", conocida por todos. También está esa "minoría rapaz", capaz de cualquier bajeza con tal de llevarse un poco más de dinero a sus bolsillos. Se trata, como lo ha descrito nuestro líder y guía López Obrador, de personajes dedicados a la estafa y el bandidaje, al saqueo del dinero público y la explotación del pueblo bueno. Se trata de empresarios, periodistas, políticos, personajes oscuros que destacan por su maldad, su perversión y su avaricia. Gente que se dedicaba a sembrar discordia y veneno entre los mexicanos hasta que se toparon con el látigo justiciero de nuestro prócer de Tabasco.

Contradicciones navideñas

Y después de poner nuestro bonito nacimiento vamos a exigir la expulsión de Lilly Téllez de la bancada de Morena por estar en contra del aborto

Esta es una lista oficial, aunque resumida, de lo que el presidente ha nombrado la "minoría rapaz", o cualquier otra de las etiquetas vigentes o que se inventen en el futuro. Es gente que apoya al imperio del mal. Mejor ubíquelos para que no les festeje nada.

Carlos Loret de Mola
Denise Maerker
Brozo
Cualquier persona que trabaje en el periódico *Reforma*
Los que se dicen académicos
Los que se dicen científicos
Felipe Calderón
Vicente Fox
~~Enrique Peña~~ (Ya no)
Carlos Salinas
Alberto Baillères
Lex Luthor

Darth Vader
~~Emilio Azcárraga~~ (Ya no)
Las mujeres vampiro
El Guasón
~~Ricardo Salinas Pliego~~ (Ya no)
El avaro del señor Barriga
Los banqueros
Los ministros de la SCJN
~~Elba Esther Gordillo~~ (Ya no)
Los españoles

Antonio Garci (supuesto caricaturista y autor de libelos en contra del guía máximo, hombre sin oficio ni beneficio, tuitero descontrolado, derechairo total, hipócrita, fifí y conservador)

Juan Ignacio Zavala (vividor de su familia y de quienes lo rodean, rémora de la comentocracia, de influencia escasa pero particularmente nefasta, hipócrita, fifí y conservador)

Recorte esta lista y guárdela en la cartera; compártala con sus amigos.

Bullying

Lárguese o lo lamentará
SUPREMA CORTE
DE JUSTICIA DE LA NACIÓN
@garcimonero

15. Ninis: los ganones

Si usted tiene hijos en edad de trabajar y valerse por sí mismos, de ninguna manera se le ocurra decirles que se pongan a estudiar o a trabajar. Lo de hoy son los ninis. Es mejor que su hij@ ni estudie ni trabaje, así recibirá dinero del gobierno.

Antes, en las fiestas juveniles la frase para ligar era: "¿Estudias o trabajas?" Hoy es: "¿Te dan apoyo del gobierno por no estudiar o por no trabajar?", una muestra más de que la nefasta era neoliberal ha quedado para siempre abolida en nuestro país.

El cambio es real, mire usted: si su hij@ estudió, por ejemplo medicina, y ya está haciendo prácticas en los centros de salud, seguro ya recortaron a la mitad el pago que le daban gracias a los programas de austeridad del gobierno, y todo porque gastaban dinero en cosas innecesarias. De esa manera una persona que está por acabar la carrera gana menos que un nini. Ese es el castigo a los fifís y conservadores por querer tener un desarrollo individual y egoísta sin pensar en los demás.

Este sexenio ahorre en gastos escolares, no deje que sus hijos sean ambiciosos y quieran triunfar con su trabajo y sus conocimientos. Lo que hizo Benito Juárez estuvo bien, pero ya no es necesario, ahora tenemos un gobierno populista que les regala dinero a los chavos porque sabe que lo mejor que se puede hacer con los recursos públicos es invertir en la niñez... y darles

Campaña de popularidad

dinero directamente a los chamacos sale más barato que pagar escuelas, maestros, hospitales, médicos y todas esas cosas con las que no se compra un joven un *six pack* de cervezas en el Oxxo.

Padre de familia, ¡deje que a sus hijos los mantenga el gobierno! Acuérdese que en la 4T se castiga el desarrollo personal y se premia la hueva, materia en la que estamos consolidando un liderazgo mundial gracias a estas nuevas medidas, y ya hubieran venido a México huevones de otros países para tomar ejemplo de cómo le hacemos pero no lo hacen porque les da mucha flojera.

Mesías tropical

VISTE A TU CHAIRO

Gala formal

Va sin pantalones por si hay que ir a negociar a Estados Unidos

Uniforme Nuetro

Ideal para que los políticos de la 4T puedan terminar la primaria

Casual

Disney Bolivariano

Outfit urbano para ir a una marcha o a asaltar Oxxos. (Es lo mismo)

16. Inglich en la 4T

Durante la era neoliberal el idioma que se promovió fue el inglés. Toooodos los de la mafia del poder hablaban inglés o hacían intentos patéticos por hablarlo (como Fox y Peña).

Presumían los fifís de haber estudiado en Estados Unidos y de ser bilingües. La verdad es que muchos de ellos hablan mejor el inglés que el español. En realidad lo que querían era ser gringos y por ello hicieron gigantescos esfuerzos por vender nuestro país a los estadounidenses, pero nunca se los compraron porque estaba lleno de mexicanos.

Este gobierno acabó con eso de andar estudiando en el extranjero, porque como dijo nuestro presidente: "Ahí sólo se aprenden malas mañas". En México ya no se necesita aprender un idioma extranjero ni para ligarse a las turistas en Acapulco, pues debido a la inseguridad el gobierno gringo puso a ese lugar en el top 10 de los sitios a los que nunca deberá de ir ninguno de sus ciudadanos.

Que los mexicanos hablen inglés es una aberración de la era neoliberal, al igual que los hospitales del gobierno con medicinas, o las patrullas de la Ciudad de México con gasolina, o las estancias infantiles, creadas únicamente con la perversa intención de impedir que las abuelitas cuidaran a sus nietos. La verdad, los neoliberales jamás se esforzaron por aprender idiomas más justos y honestos, como el cubano (que es el español donde se comen las eses, porque es lo único que hay de comer); el macuspano (que es como el tabasqueño pero con pausas larguísimas entre palabra y palabra); el bolivariano (que es el español que se habla en Venezuela); o el coreano con acento del norte. El inglés era su obsesión, y querían imponerlo para poder entregarnos a los Estados Unidos o ya de jodida a Belice, donde también hablan inglés.

(Sacrificios en el mundo de la 4T)

Lamentablemente, los neoliberales durante años impusieron la moda del inglés como segunda lengua para México, y la inercia de ese pasado vergonzoso aún pervive. Por tal razón, el presidente ordenó al secretario Moctezuma (como nuestro emperador azteca que asesinaron vilmente las fuerzas extranjeras españolas que de seguro eran neoliberales y hablaban inglés) que se instruyera en ese odioso idioma a todos los niños mexicanos desde chiquitos, y para lograrlo sin perder la soberanía educativa Moctezuma ha diseñado una herramienta para que a los niños mexicanos les enseñen inglés profesores que *no* conocen el idioma. Esto es revolucionario como pocas cosas. En realidad, vamos a cambiar el inglés y luego seguiremos con el alemán y el chino, porque para enseñar un idioma ¡no es necesario saber el idioma, ni entenderlo! Y nadie se había dado cuenta de eso. México avanza.

Algunas palabras in inglés que se enseñarán en las clases durante este gobierno

Inglés	Español
Way	Tipo
Freeway	Soltero
Highway	Hola, tipo
Anyway	Cualquier tipo
Myway	Mi marido

Huevos al gusto

17. Beisbol

El nuevo deporte nacional es el beisbol. ¿Por qué? Pues porque le gusta al presidente. Es muy importante que usted tenga los conocimientos básicos de este deporte. Eso le permitirá convivir como una persona normal con los demás, estar a tono con la transformación del país y parecerse en gustos al presidente. Alcanzar la supremacía mundial en el beisbol es la verdadera misión de esta administración, ya hemos perdido muchas generaciones con la falsa esperanza de ganar un mundial de futbol, así que llegó la hora de que nuestro país pruebe otro camino para alcanzar la gloria. Por eso López Obrador se encarga personalmente de impulsar este deporte a través de la oficina de Probeis de la presidencia, porque así como en este gobierno nadie puede ganar más que el presidente, nadie puede saber más de beisbol que el presidente. Esta oficina tiene más presupuesto que muchos programas de salud, de educación o de seguridad, porque en este sexenio hay prioridades para ayudar al pueblo. Recordemos que el himno de la 4T dice claramente: "Un beisbolista en cada hijo te dio".

Por otro lado es importante familiarizarnos con el beisbol, ya que comprendiendo este juego podremos entender uno de los lenguajes de esta administración: el "beisboñol". Aquí tiene un breve glosario de política beisbolera.

Diccionario beisbolero de la 4T

Strike: Cuando alguien no sabe qué decir en la mañanera (Rocío Nahle es especialista).
Ponchado: Cuando tu desprestigio es como el de Poncho Durazo.
Out: Estar out, fuera de la gracia del señor presidente: ser neoliberal, ser fifí, ser de oposición, estar divorciado, etcétera.

Bull pen: Los que están calentando a la espera de un puesto central en el gabinete, léase Mario Delgado, Ricardo Monreal y el mismísimo Marcelo Ebrard.

Ampayer: El Peje.
Pitcher: El Peje.
Catcher: El Peje.

Consultas

A ver... Que levante la mano el que quiera que desaparezca al poder judicial.

Jardinero: Alfonso Romo, que se la pasa paseando por los jardines sin que nadie le haga caso y nomás ve el juego de lejos.

Las grandes ligas: Las de Bejarano.

Robar bases: Quitarle a otro partido a sus militantes o grupos que controlaban (lo que hace Morena con el PRI).

Hacer una carrera: Estas carreras de beisbol son las únicas que ahora se apoyan en el sistema educativo nacional y en el Conacyt.

Home run: Literalmente "correr al hogar". Lo que hace el Peje.

Manopla: Enorme guante que se utiliza en las consultas a mano alzada que hace el presidente. Si se levanta la mano con una manopla vale por seis votos.

Bateador emergente: Cualquier político de más de 80 años.

Pelota de beisbol autografiada por el presidente que te darán ahora en cualquier centro de salud del gobierno en lugar de tus medicinas.

18. Póngale a sus hijos nombres de la 4T

(La reforma, de la reforma, de la reforma, de la reforma educativa)

Y lleguen puntuales porque ahora la única materia que hay es la asistencia.

Como siempre que inicia una era distinta o algo tiene gran éxito como lo es nuestro señor presidente, se procede a bautizar a l@s niñ@s con nombres alusivos ya sea al momento, la moda, la telenovela, la película exitosa o los personajes de la farándula. Ahora bien, no todo es Kevin, Neymar o Barney el dinosaurio, Yarisbé, AH1N1, Aipad o Deicy; también a los chamacos se les ponen los nombres de los próceres que incansablemente trabajan por la patria.

El nombre de Andrés Manuel ya está muy choteado, pero hay muchos otros héroes de la cuarta transformación que pueden ser una inspiración para nombrar a un hijo o hija. A continuación una breve lista de nombres de la 4T. Escoja uno y haga feliz a su niñ@ con un nombre así, el cual seguramente le abrirá las puertas para pedir una beca de apoyo del gobierno.

- AMLO
- Mamado Nervo
- Mecansoganso
- Jesuso
- Sheinbaunio

- Napoleona
- Noroño
- Yeidckolo
- María del Instituto para Regresarle al Pueblo lo Robado.
- Socorro de la Secretaría del Bienestar.
- Amparo del NAIM
- Dolores de Dos Bocas
- Aluxe
- Luz del Mundo
- Yotengotrosdatos
- Mañanera
- Lordmolécula
- Transformación
- Asilo
- Evo

SERPIENTES Y ESCALERAS DE LA 4T

Al igual que en el juego de mesa, las casillas tienen buenos y malos. Virtudes que nos hacen ascender, y vicios de los gobiernos anteriores que nos hacen descender.

Existe la maldad en la 4T, y este juego te ayuda a identificarla; en los casilleros de la serpiente están los malévolos empresarios, los banqueros, los opositores, la prensa fifí, las calificadoras internacionales, los presidentes de los gobiernos anteriores menos Peña Nieto, los magistrados de la Suprema Corte, las instituciones autónomas, el Tribunal Electoral, el INE, los analistas del INEGI, los residentes médicos, los elementos de la Policía Federal… etcétera.

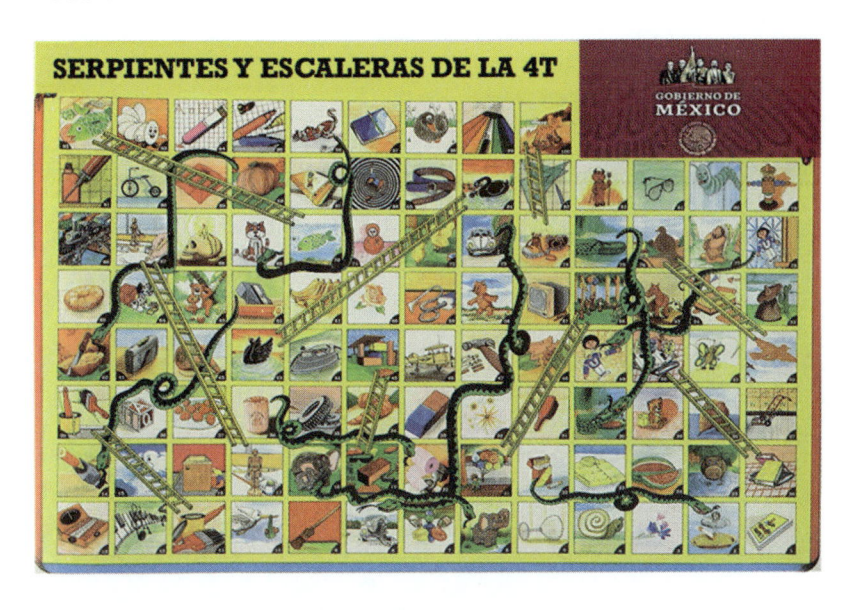

19. Que trabaje tu abuela

En el gobierno de Andrés Manuel López Obrador se le da un especial sentido al trabajo, incluso la hueva es tomada como trabajo y se paga bien, como en el caso de los ninis.

Pero el trabajo como herramienta de superación personal se considera algo propio de los burgueses neoliberales. Porque en realidad el trabajo muchas veces genera problemas en las casas. Por ejemplo, si la señora de la casa —como le decía Peña Nieto— tiene que salir a trabajar porque lo necesita para completar el ingreso, es importante saber qué se hace con sus hijos: ¿quién se puede hacer cargo de ellos mientras ella va a trabajar? Por supuesto que lo mejor es que trabaje solamente si es muy necesario en la familia.

Durante años los gobiernos conservadores crearon estancias infantiles, que no eran otra cosa más que negocios particulares en los que no cuidaban a los niños y cuyos dueños mostraban una tremenda voracidad por el dinero. Esto se acabó. Los niños tienen que quedarse en su casa. Eso es lo mejor. No tienen por qué andar saliendo a ningún lado ni aprender nada que no les enseñen sus papás, ¡y menos aún con extraños!

Entonces, ¿quién mejor para cuidar a los niños que su abuelita? ¡Póngala a trabajar cuidando a sus hijos y el gobierno le va a dar un dinero! Pocas ocasiones para sacarle una lana a la abuela o al abuelo, a la vez que los hace sentir productivos y que cooperan para la casa.

20. Gabinete de la 4T

El gabinete de AMLO llamó la atención desde el principio no precisamente por su capacidad, sino por el elevado nivel de edad de quienes acompañan al presidente en su labor de gobierno. Hay algunos compañeros del líder de la 4T que para saber su edad requieren de la prueba del carbono 14. Hay quien asegura que Jiménez Espriú le dio clases a Miguel Hidalgo y por eso ahora es secretario de Comunicaciones y Transportes.

Es posible que usted encuentre en las filas conservadoras y en los medios fifís —si es que sigue consumiéndolos— algunas críticas a la edad de los colaboradores presidenciales. Nada más les importa la calumnia, la burla y desprestigiar a los que se entregan noblemente a las mejores causas del país. Que una persona por su edad se quede dormida en las juntas o que no pueda usar el "whats" no significa que no sepa qué necesita el país en estos precisos momentos.

El gabinete de AMLO no son las momias de Guanajuato, como muchos lo han querido ilustrar en las fotos en que aparecen de pie atrás del presidente. La energía se mide de otra manera. Su experiencia no solamente se las da la edad, muchos trabajaron en el PRI de los setenta y ochenta, igual que el mismo López Obrador, así que solamente los mal intencionados pueden mencionar que se trata de gente que no tiene el potencial para enfrentar los retos de la nación.

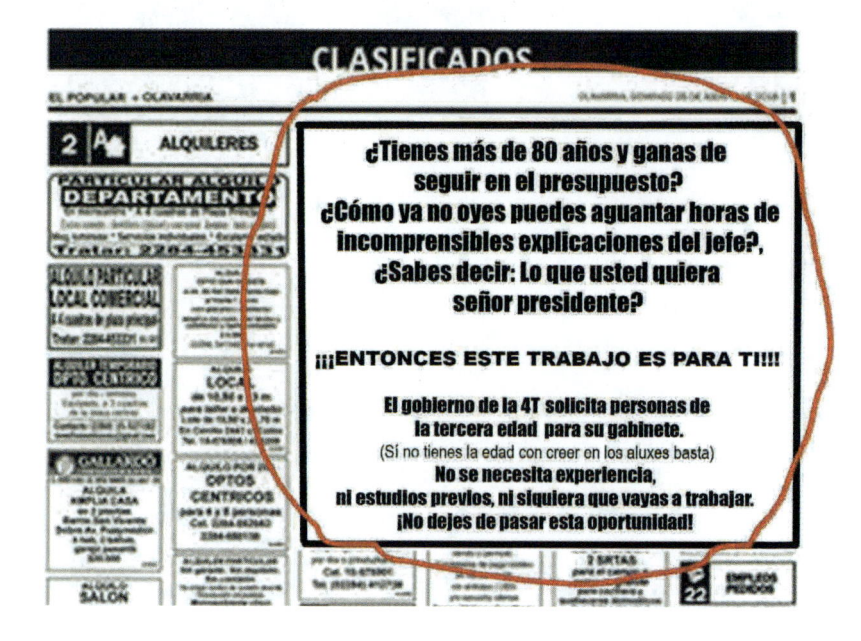

> **¿Tienes más de 80 años y ganas de seguir en el presupuesto?**
> **¿Cómo ya no oyes puedes aguantar horas de incomprensibles explicaciones del jefe?,**
> **¿Sabes decir: Lo que usted quiera señor presidente?**
>
> **¡¡¡ENTONCES ESTE TRABAJO ES PARA TI!!!**
>
> **El gobierno de la 4T solicita personas de la tercera edad para su gabinete.**
> (Si no tienes la edad con creer en los aluxes basta)
> **No se necesita experiencia, ni estudios previos, ni siquiera que vayas a trabajar.**
> **¡No dejes de pasar esta oportunidad!**

Tampoco son floreros, como gritan los fifís, que en el fondo desprecian a los ancianos. No son adornos, son personas que aportan sabiduría —en el remoto caso de que el líder llegue a necesitarla— y que son ejemplo de vida y obra para los demás. Ahora bien, no se le puede pedir a la gente que sepa de todo, tampoco son enciclopedias. Si no saben algo, van, se toman su tiempo, lo consultan y pueden incluso conseguir una respuesta. Lo importante es que no se roben el dinero, no que sepan cómo hacer su trabajo, para eso hay otras personas que les pueden ayudar.

Y ahora que los funcionarios públicos no podrán trabajar en el sector privado hasta después de 10 años de salir del gobierno se entiende por qué esa edad tan avanzada en todo el gabinete: así ninguno va a tener el problema de ver qué hace para sobrevivir durante 10 años, si no se mueren antes de concluir el sexenio, les darán su beca de adultos mayores. Nuestro presidente piensa en todo.

Encuesta

¿El presidente florero?

El presidente López Obrador dijo desde el inicio de su administración que él no sería florero. Después de algunos meses de gobierno de AMLO usted:

a) Preferiría que el presidente fuera un florero, un adorno y que no tocara nada porque lo destruye.
b) Preferiría que no fuera florero y que siguiera con su plan de austeridad que implica no comprar comida porque está cara aunque nos muramos de hambre.
c) Preferiría que fuera un florero para que no diera las mañaneras que ya nos traen mareados.

En su opinión, el gabinete del presidente López Obrador puede ser sustituido fácilmente por:

a) Las momias de Guanajuato, ya que tienen la misma edad promedio.
b) Viruta y Capulina.
c) La Sonora Dinamita.

TURISTA POPULISTA

Como en el famoso juego de mesa, se trata de un recorrido por la 4T en las diferentes estaciones: Los Pinos como la propiedad más barata, y Palacio Nacional la más cara. La salida es el gobierno de México, impulsado con las porras de nuestros héroes patrios que están pintados en el logo. Si los dados no te llevan a donde tú quieres, toma una carta de "YO TENGO OTROS DATOS" y di que avanzas como te da la gana. Cuando pases por los "RECORTES" pierdes la mitad del dinero que tenías. Compra todos los trenes, el más caro es el TREN INCA, que va de Machu Picchu hasta el rancho del Peje. Si caes en el Banco de México evitas una devaluación, y si caes en el Conacyt pierdes dos turnos hasta que la directora de esa institución te haya hecho una limpia científica con huevos de gallina. Si caes en la cárcel te dan abrazos, una Cartilla Moral y una beca del gobierno para que ya no sigas de delincuente. Los billetes serán de Banco Bienestar y gana el que al final haya comprado más estadios de beisbol.

TURISTA POPULISTA
GANSO CANSADO®
RECORTES
OTROS DATOS
TREN INCA
TREN MAYATE
TREN AZTECA
TREN MAYA
CONACYT
BANCO DE MÉXICO
GOBIERNO DE MÉXICO

21. Tiempo de milagros

Es posible que usted haya oído sobre épocas en las que todo florece —el Renacimiento, por ejemplo—, épocas en las que hay una gran virtud que inunda a la sociedad y en que el sol, verdaderamente, sale para todos; pues una de estas eras gloriosas es el gobierno de AMLO. Hoy como nunca han florecido el buen ánimo y la concordia. La gente se quiere, los mexicanos se hermanan con una sonrisa y no hay nada que los divida. Unos a otros se ayudan y se quieren. Gracias al ejemplo del presidente López Obrador los malos ya no hacen daño para que no se enojen sus mamás y ya no hay eso de que unos trabajan más que otros y ganan más que otros. Eso se acabó: ahora casi nadie tiene trabajo para que no haya quejas de las diferencias, esa es la única manera de ser feliz, feliz, feliz como quiere el presidente.

Entre las muchas cosas mágicas que han sucedido desde el arribo de AMLO al poder se han obrado verdaderos milagros que quedarán inscritos como algo relevante en los millones de años que llevamos de historia. Recordemos que a partir de que llegó López Obrador al poder ya tenemos millones de años en la Tierra; ya no es como antes, que eran unos cuantos siglos: este gobierno nos ha devuelto los años que los gobiernos anteriores se habían robado.

"México hace 10 mil años"
(Mexicanos tramitando su apoyo en la Secretaría del Bienestar)

"México hace 5 mil o 10 mil millones de años, pero con toda precisión a las 3 de la tarde".
(Funcionarios de la 4T cósmica esperando mil millones de años a que se forme la tierra para poner México).

Cierto es que las decisiones de gobierno siempre entrañan una polémica, pero usted no puede distraerse con los argumentos de los beneficiados de siempre, de los conservadores hipócritas, de los de la mafia del poder. Si nuestro presidente dice que se puede hacer un aeropuerto donde sea es porque se puede, todo es cuestión de no robarse el dinero y punto. Es de esta manera que los que supuestamente saben, los que se enriquecieron porque estudiaron en el ITAM y en el extranjero, los que presumían que hablaban inglés, se enojaron porque les cerraron el aeropuerto de la corrupción y lo pasaron a la base aérea de Santa Lucía, que es un terreno que no puede tener corrupción, porque no lo autoriza el uso de suelo. Los que dicen que ahí no se puede poner ni un palo para que aterrice un volador de Papantla nada saben del poder de la voluntad.

Si hace unos cientos de años a Juan Diego se le apareció la santísima virgen de Guadalupe en un cerro, hoy nuestra venerada Morena nos ha hecho el milagro y apareció no unas flores, sino ¡un cerro completo!, y le dijo al presidente que le construyera allí su aeropuerto de Santa Lucía. ¿Qué mejor señal que apareciera de pronto un cerro que no estaba unos meses antes cuando se diseñó la nueva opción?

"Ahí donde aparezca un cerro construirás el nuevo aeropuerto", dicen los que saben que fue lo que escuchó nuestro glorioso guía, "y donde veas un tren parado sobre un nopal devorando una reserva de la biosfera construirás tu Tren Maya". Y sí, el aeropuerto en Santa Lucía, va. Si el cerro les estorba a los aviones, pues para eso tienen volantes las aeronaves y le dan la vuelta. El milagro del cerro ya está ahí y es tan grande y tangible que los aviones tienen el privilegio de estrellarse en él.

(Santa Lucía)

Delito federal

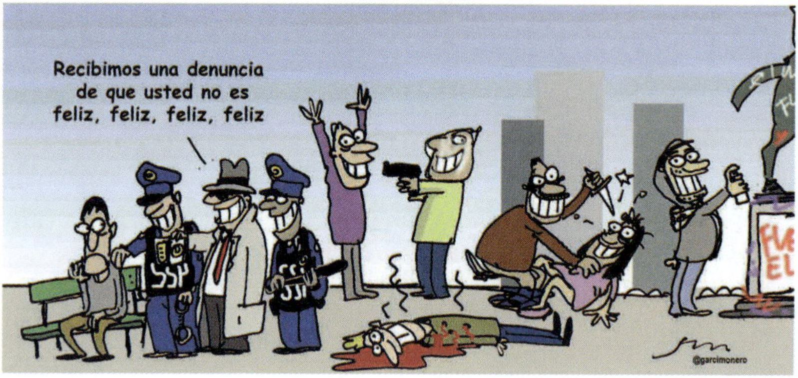

22. Que se disculpen el papa y el rey de España

Como él mismo lo ha dicho, nuestro presidente en realidad quería ser profesor de historia para alumnos de cuarto de primaria, para así poder contarles las grandes aventuras de nuestros héroes a los niños. Pero la vida no es justa, y a pesar de los grandes esfuerzos que hizo para evitarlo, AMLO terminó siendo presidente de México y tuvo que dejar lo que él había deseado toda su vida. Hoy carga con resignación esa pesada cruz que él nunca buscó, y todo para lograr nuestra dicha.

En uno de esos arranques de lirismo histórico que tiene nuestro presidente, sorprendió al país diciendo que le exigiría a España que se disculpara por los abusos cometidos en la Conquista (que ocurrieron hace cinco siglos). Acompañado de su esposa, el presidente hizo el anuncio teniendo como fondo la zona arqueológica de Comalcalco. En su mensaje subrayó que también el papa debería ofrecer al pueblo de México una disculpa puesto que la Conquista se realizó "con la espada y la cruz".

La respuesta llegó: fue la burla en España y el papa nomás anunció que no quería venir a nada de nada.

Con esas iniciativas, que obviamente han sido malinterpretadas por el conservadurismo mundial haciéndolas ver como estúpidas y frívolas, el presidente lo que busca es impulsar la unidad nacional, y que todos los mexicanos nos congreguemos en torno a nuestro gobernante que busca restaurar el honor nacional. Esos son los momentos en que hay que salir a defender al presidente, ya no de los conservadores ni de la prensa vendida, hay que hacer a un lado esas lamentables expresiones nacionales y centrarse en los ataques que vienen del extranjero.

No es raro que un rey y el controlador de almas y dinero que es el papa se nieguen a ofrecernos disculpas por el insaciable saqueo al que han sometido a nuestro país, uno a través de las limosnas y la manipulación de las almas y el otro fomentando las tiendas de abarrotes y la construcción de hoteles de paso en nuestro país. Camine usted por las calles de México con una camiseta que diga: "México es de los mexicanos".

500 años después

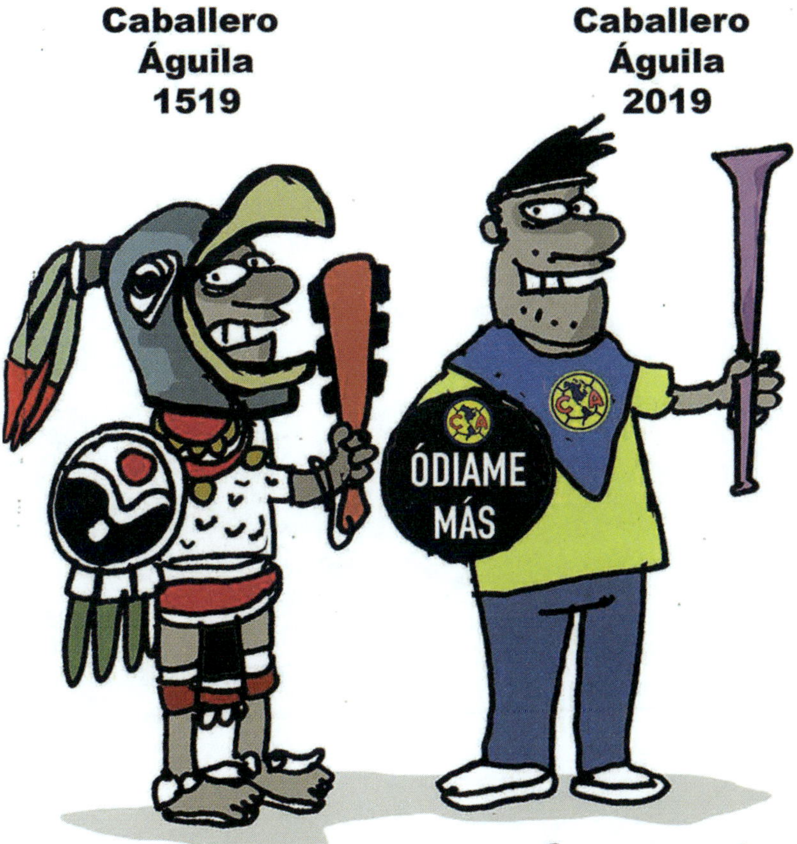

Día de acción de gracias

23. México se fundó hace 10 000 años

Es claro que el presidente es un apasionado de la historia. En especial de la que él inventa. Al igual que con todo lo que no le parece, a AMLO lo que le importa es lo que él piensa, no lo que sucedió, y para demostrarnos que en el gobierno sí hay una gran cantidad de información clasificada, nuestro presidente siempre tiene "otros datos", números propios que seguramente serán los correctos porque es presidente, y así como en México nadie puede ganar más que el presidente, tampoco nadie puede saber más que el presidente.

"México hace 5 mil o 10 mil millones de años, pero con toda precisión a las 3 de la tarde".

(Animales unicelulares en la 4ta transformación para volverse protozoarios)

Antepasado de AMLO

@garcimoneso

Así pues, más de algún ignorante se debe de haber sorprendido al enterarse de que México se constituyó hace muchísimo más de lo que pensamos. Nuestro país se fundó hace 10 000 años, tal como lo dijo el presidente, y ese dato seguro aparecerá en los libros de texto, si es que algún día los llegan a imprimir en este sexenio.

O sea que mientras había mamuts y rinocerontes peludos por todos lados, los mexicanos de las cavernas ya correteaban al ganso para ver si se cansaba y hacían lo que podían para detener a los migrantes hondureños que iban hacia Estados Unidos en busca de una mejor glaciación en esas tierras.

¿QUIÉN ES EL CULPABLE?

Con el tablero de personajes y objetos conocidos se decide la culpabilidad del drama nacional, y si no se pueden encontrar pruebas se saca un culpable por votación a mano alzada en una consulta popular.

Amiguito, ayuda a Andrés Manuel a descubrir quién es el culpable de que no le salga nada.

¿Quién le dio en la madre al país? Salinas en Los Pinos con el bat de Raúl. Calderón con el Ejército en la sala de juntas; Fox y Martita con un chipote chillón en el rancho; Carlos Urzúa con una carta en el despacho; el fifí con una publicación en el *Hola!*, el de la calificadora internacional con una nota en *Wall Street*, la mafia del poder, con cualquier cosa y donde sea…

24. Fuerzas Armadas: péguele a un soldado

Si uno de los enemigos visibles de la población durante la época neoliberal fue el ejército, hoy con el gobierno de Andrés Manuel López Obrador eso ha quedado atrás. Nadie le tiene ya miedo al ejército y éste ha dejado de ser una amenaza para la población como lo fue durante la guerra conservadora contra el narco, Como dice el presidente: "Ya no es como antes", hoy las fuerzas armadas son el *sparring* de todos los mexicanos. Todos sabemos que podemos hacerles lo que sea impunemente, y sufrirán en silencio para no importarnos con sus penas, sufrimientos y dizque servicios a la patria, ya que a diferencia de los criminales en México, los soldados no tienen derechos humanos.

(Al estilo de la 4T)

Ya les dimos todo lo que les teníamos que dar, si quieren algo más se lo piden a Guillermo del Toro como hace todo el mundo.

Se acabó aquello de que la ciudadanía se apanicaba al ver a un general rodeado de soldados o al ver un convoy con militares. Nada de eso sucede hoy en día. De hecho, ya no se les ocupa en el combate a la delincuencia, porque recordemos que la primera semana de su gobierno el presidente dijo que se había acabado la guerra con el narco, o bueno, por lo menos la terminó él y por eso liberó en Culiacán al hijo del Chapo (recordemos que los criminales para la cuatroté son los que piensan diferente y los que pagan impuestos).

El ejército se ocupa hoy en día de detener peligrosísimos centroamericanos que tratan de llegar a Estados Unidos huyendo de la miseria que los azota en sus países, como en su momento lo hicieron millones de mexicanos.

Hoy en día nuestros militares tienen que detener mujeres y niños migrantes peligrosísimos que huyen de la miseria, mientras los grupos de delincuentes golpean y humillan a los soldados porque las cosas ya cambiaron y todos estamos en paz.

(Guardia Nacional)

Así ya da abrazos, no balazos.

Las Fuerzas Armadas han dejado de ser percibidas como una amenaza local; es más, han dejado de ser percibidas como una fuerza, punto. Hoy en día usted puede ver videos o de plano participar animadamente en propinar una golpiza a soldados que intentan meter orden en algún lugar y agredirlos se ha vuelto un pasatiempo nacional.

Pronto *¡Péguele a un soldado!* será un programa de concursos en el Canal 11, donde John Ackerman y Sabina Berman verán cuál de las familias participantes logra agredir e insultar más a las Fuerzas Armadas, y será un programa donde todos ganen: la familia ganadora tendrá una beca del gobierno para ninis de tiempo completo y la unidad del ejército que más aguante las agresiones recibirá una medalla del presidente por acciones más allá del deber.

¡Qué bendición no tener ya esa amenaza vestida de verde!

FRANKENSTEIN JUNIOR
Después de prometer en campaña regresar a los militares a sus cuarteles el presidente pide cambio de ley para que los militares se encarguen de la seguridad.
Tras muchos debates para la Guardia Nacional se puso como condición irreductible que el mando fuera civil y eso es lo que quedó en la Constitución
Pero ya creada el presidente le pone a la Guardia Nacional un mando militar tal y como quería .
¡Está vivo!
!
GN
Pasamos del "Me canso ganso" al "Te transo ganso"
(Constitución)
@garcimonero

25. Apoyos directos

Para sobrevivir en la 4T usted debe adaptarse al mundo nuevo. La política no es como antes, o más bien sí es como antes, pero como antes de que usted naciera… Luego, ya se sabe, cayó la maldición conservadora y se diseñaron políticas públicas para dar dinero al pueblo a través de intermediarios del gobierno neoliberal que eran quienes realmente controlaban los beneficios que se le daban a la gente. Eso se acabó. Usted ya no escuchará de estancias infantiles, Progresa o atención a mujeres golpeadas y esas instituciones del pasado inmundo que tratamos de olvidar. ¡Ahora el dinero se les dará directamente a las personas!

Las cosas quedarán así:

- Los bebés recibirán dinero directamente para que escojan a qué guardaría entrar, o podrán dárselo a sus abuelitas para que los cuiden.
- Las mujeres golpeadas recibirán dinero que seguramente les darán a sus parejas para que no les peguen. No importa si el marido las golpea nuevamente para mandarlas por más dinero, la cosa es darles el dinero sin intermediarios.
- El dinero a los estudiantes no se les dará por medio de una beca para sus estudios o manutención, se les dará a los propios jóvenes para que lo gasten a su antojo en una moto o en mucha mota, en unas bocinotas o en chelas. Que los jóvenes tengan su lana, ¿qué puede salir mal?

EL PRESIDENTE DEL EMPLEO

El reciente reporte del IMSS indicó una gran disminución de los empleos generados en México.

El Presidente dice que es porque sus miles de becas para aprendices no las cuentan, pero es que esos apoyos NO pueden considerarse como empleos.

La buena noticia es que por fin el gobierno lanzó una gran inversión para generar empleos... pero en El Salvador.

México tiene 200 años de estar mal... ahora sigue igual pero nos regalan dinero.

- Se suspenderán las reuniones del Alcohólicos Anónimos y el dinero se les dará directamente a los borrachos para que ellos se lo gasten en su mejoría, que puede ir desde la libertad de empujarse unos *shots*, curarse la cruda con

vodka o pagar la deuda en la cantina. Porque no puede haber cantinas ricas con borrachos pobres.
- No habrá ayudas para velorios, el dinero se les dará directamente a los muertos.
- El dinero para apoyar a las manifestaciones artísticas se le dará directamente al público, para que el pueblo sabio decida si se va a ver una ópera de Wagner o un palenque donde canta Celia Lora encuerada... y que gane el mejor.

Lógica populista

Si trabajas el gobierno te cobra impuestos, pero si no trabajas el gobierno te regala dinero.

- Los recursos para apoyar a los equipos deportivos en las competencias internacionales se les darán ahora directamente a los equipos de los otros países para que pierdan en sus partidos contra los mexicanos y así asegurar el triunfo en todos los campeonatos. Si los mexicanos no llegan al torneo por falta de recursos, ya no hay bronca, sólo tienen que decir como el presidente: "Pues no llegué y ya".

- El presupuesto para las olimpiadas de matemáticas se le solicitará directamente a Guillermo del Toro para mandar a los chamacos a esa competencia.
- Y el dinero para las obras públicas se les dará directamente a los compadres del presidente a través de asignaciones directas, sin necesidad de convocar a licitaciones.

Remedio universal

No hay medicinas. Si se sienten mal hagan lo mismo que el presidente. Digan: "Estamos requete bien, estamos requete bien, estamos requete bien, estamos..."

26. ¿DE DÓNDE OBTIENE RECURSOS AMLO PARA SU GOBIERNO?

LAS 5 FASES DEL "YO TENGO OTROS DATOS"

1. No hay escasez de medicamentos en el sector salud.
2. Los médicos no están bien informados
3. Es el hampa periodística que inventa cosas
4. Sí hay escasez, pero por culpa de la corrupción.
5. Tomen el dinero que teníamos retenido a los hospitales.

Si usted es mexican@, de buena fe sabe que nuestro presidente cumple lo que promete sin importar lo que cueste. Además, todo cuesta muchísimo menos que antes porque en este gobierno nadie se corrompe, ya que así lo ordenó nuestro faro y guía, nuestra luz del mundo que es Andrés Manuel López Obrador.

Pero usted se preguntará cómo le hace el presidente en una situación económica a la baja para sacar y sacar recursos. Muchos de los maledicentes, esas mentes obtusas y cegadas por el odio, dicen que no tiene dinero, que no le alcanza y que lo que tiene no lo gasta. Mentira vil. Lo que pasa es que estaban acostumbrados a que les vendieran todo carísimo, que era el sobreprecio de la corrupción.

Austeridad

Por ejemplo, los marcapasos, instrumentos que usan las personas con afectaciones cardiacas, antes se compraban en precios estratosféricos, entre 23 000 y 25 000 pesos cada uno. En el gobierno de AMLO esto no volverá a suceder y el propio gobierno ha fijado el precio de los marcapasos en ¡90 pesos! Estos sí son ahorros. Ahora bien, si no se consiguen a ese precio es por la mezquindad de los mercaderes, pero no será porque el gobierno pague un precio que no debe ser.

Además ya quedó claro que los proyectos del presidente no se hacen, como dicen sus malquerientes, al aventón y sin planeación alguna. Al contrario, son el fruto de largas y pensadas sesiones de reflexión en las que se llevan a cabo estudios profesionales en todas las áreas que intervienen en los grandes proyectos del gobierno.

Se dice, y con mala saña, que no hay dinero para hacer ya no todas las obras planeadas, sino cualquier proyecto que salga de la iniciativa presidencial, y que no alcanza ni siquiera para que México gane la serie mundial de beisbol, gracias al apoyo de la oficina presidencial para apoyar este deporte. "¿De dónde va a sacar el dinero?", se preguntan los neoliberales a sabiendas de que antes ellos se robaban el dinero y por eso no alcanza.

Usted que es mexican@ de bien, y que ve en nuestro país a la potencia mundial que debemos ser, sabe que nuestro presidente no da paso sin huarache y distingue claramente de dónde se deben sacar los recursos: de la venta de los excesos del pasado y de la creatividad que ahora el pueblo despliega a través de su gobierno. Van los siguientes ejemplos:

(Doble señal)

¿De dónde sacar el dinero para la ayuda a los migrantes centroamericanos, la refinería, el Tren Maya, el Transísmico y los cohetes a la Luna que vamos a lanzar? Muy fácil, de las siguientes opciones:

De la venta del avión presidencial. Los críticos dicen que no alcanza para nada porque hay que pagar la renta del garaje en donde está mientras se vende y que se debe el arrendamiento. Para mayor tragedia del plan, en caso de que encontremos a algún idiota que quiera comprar eso, lo que vale no cubre lo que se necesita. La solución es simple: se vuelve a decir que se venderá el avión presidencial y con eso saldrá para pagarlo todo y además alcanzará para hacer grandes cantidades de sopa, porque ya lo dijo el presidente: donde come uno, comen dos y comen tres y hasta un millón, es cuestión de echarle más agua al caldo.

Algunos datos sobre el avión que no tienen ni Trump ni Obama.

Generosamente el presidente también pondrá a la venta otro tipo de bienes superfluos:

Se venderá el Jetta presidencial. En efecto, el titular del Ejecutivo se trasladará, tras la venta del automóvil, en burro o en bicitaxi, o se irá en alguna de las muchas manifestaciones que todos los días pasan frente al Palacio Nacional, no hace falta más. De esa venta saldrá el dinero para construir las 100 universidades que prometió consistentes en un pizarrón y dos pupitres.

Venta de los discos de la cantautora Beatriz Gutiérrez. Como se sabe, cada que graba una canción se vuelve un éxito del *hit parade* mundial. Todas las ganancias irán directo a terminar de pagar las pipas que compró Marcelo en la crisis del huachicol.

Además, Jesusa Rodríguez donará las utilidades de la mota que venda y que no se haya fumado.

El Conaculta, que ya no tiene mayor quehacer desde que se decretó la inutilidad de escritores, músicos, pintores, bailarines y escultores, organizará concursos como el de *100 Mexicanos Dijieron* (el nombre con el que ahora se conocerá a las consultas ciudadanas) y el dinero y los premios serán donados para la inundación de la refinería de Dos Bocas.

Trivia

- Adivine en qué obras participó el ingeniero Jiménez Espriú, cabeza de la SCT:

a) El arca de Noé
b) El Partenón
c) Las pirámides de Teotihuacán

- ¿Qué premio le dio Youtube en 2019 a López Obrador?

a) La tecla de oro
b) La lengua de platino
c) El rollo de diamante

- ¿Cuál es el nombre artístico de Beatriz Gutiérrez Müller?

a) Bety la Gordis.
b) Bety la diosa del Pop...ulismo
c) Lady Ganga

- Todo el mundo sabe que los aviones:

a) Se repelen
b) Se la repelan
c) Se revenden

- La culpa de todo es de:

a) Felipe Calderón Hinojosa
b) Felipe Calderón
c) Calderón

(Atole con gorgojo)
¿De cuál quieren? ¿De la consulta para el nuevo aeropuerto o de los foros de pacificación?
@garcimonero
(Nos vemos hoy a las 17 hrs en la libreria "En un lugar de la Mancha" de Polanco para la conferencia de: "Pendejadas celebres del populismo")

ENCUENTRA AL FIFÍ

A la manera del célebre buscando a Wally, pero en un formato mucho más simple para que no tengas que tardarte todo el sexenio en encontrarlo, este dibujo te ayudará a encontrar a ese enemigo de la patria que se hace pasar por mexicano pero que no merece ser parte del "Pueblo Bueno" por no apoyar al régimen.

Si lo encuentras pregúntale a Sanjuana Martínez, la directora de Notimex, ella ya está haciendo el Registro Nacional del "Pueblo Malo".

Y como bono adicional el juego: ¿Dónde está el fifí, canalla, traidor, neoliberal, del hijo de la fregada de Carlos Urzúa?

27. Economía moral

Relevo

El presidente anunció su intención de escribir un libro sobre "economía moral". Es muy importante que usted esté pendiente de la publicación de esa nueva idea del señor presidente, que sin duda alguna será una más de las aportaciones de López Obrador al universo —recordemos que para nuestro líder el mundo es pequeño, él necesita más—.

Ojalá se anime y lleve sus lecciones y experiencias a lo que debería ser toda una colección de conocimiento: la cocina moral, el deporte moral, la astronomía moral, la química moral, el beisbol moral, la gasolina moral, la acupuntura moral… En fin, que estaremos pendientes de que el conocimiento presidencial desborde en textos de ayuda para los demás. En cuanto salga el libro cómprelo y apréndaselo todo porque en cualquier momento llegarán a su casa y le harán un examen como el que a continuación presentamos.

Examen del segundo semestre de Economía Moral 1 de la 4T

1) Si va usted a terminar de construir un aeropuerto, pero en el fondo no le gusta porque sospecha que hay corrupción, ¿qué debe hacer?

a) Detener la obra y construir tres más.
b) Detener la obra, inundarla para que ya no sirva de nada y construir otro aeropuerto con un cerro en medio.
c) Detener la obra y cerrar los demás aeropuertos; así no se preocupará por construir otro, porque ya no vendrán aviones.
d) Hacer una refinería donde aterricen aviones por donde pasa el tren maya.

2) Si usted tiene que gastar 100 pesos en medicinas para sus familiares, ¿qué debe hacer?

a) *Un concurso de fabricantes para comprar las medicinas que se ofrezcan más baratas.*
b) *Comprar lápices en lugar de medicinas porque son más baratos.*
c) *No comprar nada y presumir que ahorró 100 pesos aunque los pacientes se hayan muerto por falta de medicinas.*

(Claudia Sheinbaum presenta la nueva unidad de la Policía Austera, con sus patrullas ecológicas sin gasolina)

3) Si usted le da miles de millones de pesos al director de la CFE, Manuel Bartlett, ¿qué cree que hará con ellos?

a) *Comprar casas para él y su familia.*
b) *Comprar carbón como en el siglo XIX.*
c) *Comprar velas por si se va la luz por falta de energía.*
d) *Se los chinga.*

137

4) Usted tiene tres manzanas y hay cinco personas pidiendo esas manzanas, ¿qué haría usted?

   a) Las parte y las da en partes iguales entre las cinco.
   b) Esconde dos y les da una para que se la repartan entre ellos.
   c) Crea el programa "Blancanieves construyendo el futuro" y les da las manzanas a los primeros tres que se afilien a su partido.
   d) Las avienta a la basura y regaña a las cinco personas por ambiciosas, neoliberales e incapaces de contener su voracidad consumidora.

5) Si usted es un estudiante y quiere tener dinero, ¿qué hace para conseguirlo?

   a) Continuar con sus estudios y conseguir un trabajo por el que le paguen 2 500 pesos al mes.
   b) Dejar los estudios y ponerse a trabajar.
   c) Dejar los estudios, convertirse en nini, no hacer nada y entonces recibir más de 3 500 pesos mensuales del gobierno.

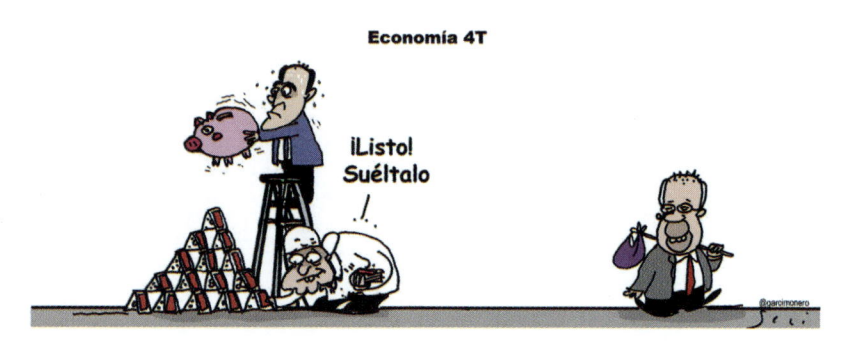

(Disfunción económica)

Catecismo para chairos de Juan Ignacio Zavala y Antonio Garci
se terminó de imprimir en febrero de 2020
en los talleres de
Impresora Tauro, S.A. de C.V.
Av. Año de Juárez 343, col. Granjas San Antonio,
Ciudad de México